GÖTZ MEDER

Das Prinzip der Rechtmäßigkeitsvermutung

Schriften zur Rechtstheorie

Heft 21

Das Prinzip
der Rechtmäßigkeitsvermutung

dargestellt für die Vermutung der Verfassungsmäßigkeit von Gesetzen

Von

Dr. Götz Meder

DUNCKER & HUMBLOT / BERLIN

Alle Rechte vorbehalten
© 1970 Duncker & Humblot, Berlin 41
Gedruckt 1970 bei Buchdruckerei Bruno Luck, Berlin 65
Printed in Germany

Vorwort

Nach dem *Prinzip der Rechtmäßigkeitsvermutung* haftet jeder Rechtsentscheidung eine nur unter bestimmten Voraussetzungen widerlegbare Vermutung für die Rechtmäßigkeit ihres Inhalts an.

Die These basiert auf der Einsicht, daß es weder rechtstheoretisch sinnvoll noch praktisch möglich ist, das Unberechenbare, nicht Vorgezeichnete aus dem Rechts- und Gesetzesbegriff auszuklammern oder das Recht auf ein allein objektiv wirksames und in dieser Form erkennbares System zurückzuführen. Mit dem Prinzip der Rechtmäßigkeitsvermutung und den Formen ihrer Widerlegbarkeit wird deshalb eine dogmatische Figur angeboten, die es ermöglicht, unter Einschluß der Zweifel am überkommenen Methodenideal eine Form der Rechtssicherheit zu kultivieren, ohne unkritisch auf einem falsch verstandenen Maß von Rechtsbindung und Vorhersehbarkeit zu beharren, deren Postulat keine praktische Problemlösung vorbereitet, sondern allenfalls die damit Beschäftigten veranlaßt, die Lösung zu erschließen und sie nebenher in der Problemperipherie mit irrelevanten Hilfsbegriffen zu begründen. Nicht die Forderung nach vollständiger Berechenbarkeit des Rechts, sondern die Präzisierung und Entwicklung der verfügbaren Möglichkeiten zur Verwirklichung dieses Ziels gewährleisten das erstrebte Maximum an Normativität.

Im Bereich des *Verfassungsrechts* birgt das Beharren auf einem Grad von Festigkeit und Statik des Rechtssatzes, der im Bereich der ganzen Rechtsordnung allenfalls Illusion ist, die besondere Gefahr, jeden Spruch der Verfassungsgerichte allein aus der Idee eines richterlichen Syllogismus pauschal und undifferenziert zu legitimieren und damit die Verteilung der staatlichen Willensbildung und politischen Verantwortlichkeit zu verwischen. Die bisherige Zurückhaltung der Entscheidungen des Bundesverfassungsgerichts enthebt nicht der Verantwortung, das Problem zu verdeutlichen und zu bearbeiten. —

Der Dank des Verfassers gilt Professor Dr. Martin Kriele (Köln), der die dieser Schrift zugrunde liegende Dissertation betreute. Er gilt im weiteren dem Verleger und Herausgeber der Schriftenreihe zur Rechtstheorie, Ministerialrat a. D. Dr. Johannes Broermann, der den vorliegenden Untersuchungen durch die Aufnahme in diese Schriftenreihe ein Diskussionsforum gab.

Kiel, im Januar 1970

Götz Meder

Inhaltsverzeichnis

Erster Teil

Theoretische Grundlagen

Erstes Kapitel: Die Problemstellung 9
Zweites Kapitel: Objektive Systemansätze der Rechtsfindung 11
Drittes Kapitel: Norm und Wirklichkeit 14
Viertes Kapitel: Rechtsfindung als Dezision innerhalb rationaler Grenzen 23

Zweiter Teil

Dogmatische Ausformung

Fünftes Kapitel: Rechtmäßigkeitsvermutung und Rechtsbestimmung 33
Sechstes Kapitel: Rechtmäßigkeitsvermutung als Regelerscheinung der Rechtsentscheidung 39

Dritter Teil

Verfassungsrechtliche Anwendung

Siebentes Kapitel: Die Rechtssatzstruktur der Verfassungsnormen 49
Achtes Kapitel: Die Vermutung der Verfassungsmäßigkeit von Gesetzen 56

Zusammenfassung der wichtigsten Ergebnisse 66

Literaturverzeichnis 69

Abkürzungen

a.a.O.	=	am angegebenen Ort
Abs.	=	Absatz
Anm.	=	Anmerkung
AöR	=	Archiv des öffentlichen Rechts
ARSP	=	Archiv für Rechts- und Sozialphilosophie
Art.	=	Artikel
BB	=	Der Betriebs-Berater
BFG	=	Bundesfinanzhof
BGB	=	Bürgerliches Gesetzbuch
BVerfGE	=	Entscheidungen des Bundesverfassungsgerichts
BVerfGG	=	Bundesverfassungsgerichtsgesetz
BVerwGE	=	Entscheidungen des Bundesverwaltungsgerichts
DöV	=	Die öffentliche Verwaltung
DVBl	=	Deutsches Verwaltungsblatt
GG	=	Grundgesetz
JZ	=	Juristenzeitung
Rdnr.	=	Randnummer
S.	=	Seite
SJZ	=	Süddeutsche Juristenzeitung
VerwArch	=	Verwaltungsarchiv
VVDStRL	=	Veröffentlichungen der Vereinigung der Deutschen Staatsrechtslehrer
ZÖöffR	=	Österreichische Zeitschrift für öffentliches Recht
ZPO	=	Zivilprozeßordnung
ZZP	=	Zeitschrift für Zivilprozeß

Erster Teil

Theoretische Grundlagen

Erstes Kapitel

Die Problemstellung

Einer alten rechtsstaatlichen Tradition entspricht die Bemühung, alle Formen des menschlichen Lebens dem blinden Zufall der augenblicklichen Entscheidung zu entziehen und durch Gesetz und Norm zu bestimmen. Die Norm erscheint gegenüber der individuellen Entscheidung als etwas Höheres, Idealeres. Durch sie ist das Leben der individuellen Willkür entzogen, sie ist unbeeinflußbar. Ihre Regelung ist von dem Prinzip der Gleichheit, einer Grundform der Gerechtigkeit, bestimmt. Normunterworfenheit gibt dem Leben Rationalität: Die Zukunft wird nach der jeweils bestimmenden Norm überschaubar. Berechenbarkeit aber vermittelt dem Normunterworfenen ein Gefühl der Sicherheit; und dieses Gefühl, nicht alle Handlungen dem Zufall preisgegeben zu wissen, gibt menschlichen Handlungen erst eigentlich Sinn[1].

Das Bestreben, die bestimmenden Impulse von dem unkalkulierbaren Subjektiven ins Objektive, in die Norm zu verlegen, ist aber auch in der modernen Staatsrechtslehre erkennbar[2]. Das erscheint hier besonders überzeugend, weil die Bindung des staatlichen Lebens an Rechtsnormen eine Möglichkeit bieten kann, die dem Staat eigene Machtäußerung sinnvoll zu begrenzen[3]. Soweit Rechtsnormen die staatliche Macht bestimmen, scheint es sogar möglich, von dem Fehlen jeder beschränkenden Herrschaft zu sprechen, denn Rechtsnormen, die der geistigen Natur des Menschen entspringen, kann aus dieser Natur heraus

---

[1] Vgl. zu der dargestellten Normatisierungstendenz: *C. Schmitt*, Politische Theologie, S. 32; Ders., Legalität und Legitimität, S. 15; *K. Hesse*, Der Rechtsstaat im Verfassungssystem des Grundgesetzes, in: Staatsverfassung und Kirchenordnung, Festgabe für R. Smend, 1962, S. 81 ff., 84; *D. Schindler*, Verfassungsrecht und soziale Struktur, S. 29; *E. Kaufmann*, Das Wesen des Völkerrechts, S. 226 f.
[2] Dazu: *C. Schmitt*, Politische Theologie, S. 29.
[3] *K. Hesse*, Der Rechtsstaat, S. 82.

entsprochen werden⁴, so daß es an dem Unterschied von beherrschtem und beherrschendem Medium, der Voraussetzung reiner Machtausübung, fehlt.

Es entspricht deshalb der angedeuteten Tendenz, auch die Gesetzgebung, die Form staatlicher Machtäußerung, die sich ihrem Wesen nach einer inhaltsbestimmenden Begrenzung zu entziehen scheint, der Herrschaft übergeordneter Rechtsnormen zu unterwerfen. Im Verfassungstext des Grundgesetzes ist dies vorgesehen: Art. 1 Abs. 3 bindet den Gesetzgeber an die nachfolgenden Grundrechte, Art. 20 Abs. 3 an die verfassungsmäßige Ordnung. Durch Art. 19 Abs. 2 werden schließlich die Normierungen des Gesetzgebers im Sachbereich der Grundrechte inhaltlich durch das Gebot begrenzt, nicht den Wesensgehalt einer Grundrechtsnorm anzutasten.

Der Gedanke allumfassender Normierung ist bestechend, der Gerechtigkeit scheint damit durchgehend weitester Einfluß verschafft zu sein. Doch besteht die Gefahr, den Wunsch nach so verstandener Gerechtigkeit⁵ mit den Möglichkeiten ihrer Verwirklichung zu verwechseln; denn Rechtsnormen allein binden die ihnen unterworfenen Vorgänge nur dann, wenn sie aus sich heraus über einen geschlossenen Entscheidungsvorrat verfügen, aus dem alle anfallenden Probleme sachgerecht gelöst werden können. Ist dies nicht der Fall, bleibt der Normvorrat hinter der Menge regelungsbedürftiger Probleme zurück, dann bedeutet eine strikte „Normbindung" nur die Verschiebung der Entscheidungsbefugnis auf den über den Norm„inhalt" Befindenden, letztlich die Rechtsprechungsorgane, weil die Rechtsprechung dort, wo keine bindungsfähigen Normen vorhanden oder erkennbar sind, durch den Entscheidungszwang darauf angewiesen ist, nach eigenen individuellen Maßstäben zu urteilen. Diese Verschiebung der Entscheidungskompetenz mag in den Fällen bedeutungslos sein, in denen das Bedürfnis nach besonderer Qualität der einzelnen Entscheidung im Verkehrsinteresse hinter der Notwendigkeit einer Entscheidung überhaupt zurücktritt. Im Verfassungsrecht aber kann eine Verschiebung der Entscheidungskompetenz vom Gesetzgeber auf die Verfassungsrechtsprechung das System der staatlichen Willensbildung, die Verteilung der politischen Verantwortlichkeit verwischen⁶. Deshalb erscheint es sinnvoll, den Inhalt einer gesetzlichen Regelung, für dessen Bildung die Verfassung keine deutlichen Anhaltspunkte enthält, einer verfassungsgerichtlichen Revision

---

⁴ *C. Schmitt*, Legalität und Legitimität, S. 8; Ders., Politische Theologie, S. 23.

⁵ Vgl. *R. Zippelius*, Wertungsproblem im System der Grundrechte, S. 1.

⁶ Vgl. *H. Krüger*, Verfassungswandlung, S. 167; *O. Bachof*, Der Verfassungsrichter zwischen Recht und Politik, in: Summum ius summa iniuria, S. 43, 47.

zu entziehen[7], denn nur der kann ohne hinreichende Kriterien eine Entscheidung verantwortlich treffen, auf den die Folgen dieser Entscheidung nachweislich zukommen werden[8] und der nicht wie der richterliche Spruchkörper einer direkten politischen Verantwortung institutionell entzogen ist.

Das Kernproblem ist damit auf die Frage zugespitzt, ob und wann die übergeordneten Kriterien in den Verfassungsrechtsnormen fehlen. Dazu wird es erforderlich sein, den Zweifeln nachzugehen, die die moderne Rechtstheorie an dem axiomatischen Methodenideal, an dem normativen Gehalt und der autonomen Ergiebigkeit von Rechtsnormen geäußert hat[9]. Aus den sich abzeichnenden Ergebnissen werden die dogmatischen Konsequenzen im Bereich des Verfassungsrechts zu ziehen sein.

Zweites Kapitel

Objektive Systemansätze zur Rechtsfindung

Eine ausschließliche Bindung menschlicher und staatlicher Verhältnisse an Rechtsnormen ist nur möglich, wenn die Lösung jedes Problems, das sich innerhalb des rechtlich zu ordnenden Lebenskreises ergibt, durch eine Norm vorgesehen ist, wenn der *Normvorrat* dem *Problemanfall entspricht*.

Entsprechend der Unzahl täglich neu auftauchender Probleme ist deshalb auch eine Unzahl normativer Problemlösungen erforderlich.

Eine theoretisch denkbar einfache Erfüllung dieser Voraussetzung wäre dadurch erreicht, daß das berechtigte Normsetzungsorgan, in einem Rechtsstaat also der Gesetz- und Verfassungsgeber, den erforderlichen Normvorrat für jede nur denkbare Problemlage eindeutig und unmiß-

---

[7] *G. Holstein*, Von den Aufgaben und Zielen heutiger Staatsrechtswissenschaft, AöR 50, S. 17.

[8] *A. Arndt*, Demokratie — Wertsystem des Rechts, in: Notstandsgesetzgebung — aber wie?, S. 21.

[9] Unter vielen anderen vgl.: *R. Bäumlin*, Staat, Recht und Geschichte, S. 43, 46; *H. Ehmke*, Prinzipien der Verfassungsinterpretationen, VVDStRL Heft 20, S. 55, 56; *J. Esser*, Grundsatz und Norm, S. 4 ff. und passim; *H.-G. Gadamer*, Wahrheit und Methode, S. 311, 313; *E. Kaufmann*, Das Wesen des Völkerrechts, S. 152; Ders., Kritik der neukantischen Rechtsphilosophie, S. 9 f.; *M. Kriele*, Theorie der Rechtsgewinnung, S. 50 und passim; *H. Krüger*, Verfassungswandlung, S. 155, 157; *P. Lerche*, Übermaß und Verfassungsrecht, S. 131; *F. Müller*, Normstruktur und Normativität, S. 66; *Ch. Graf von Pestalozza*, Kritische Bemerkungen, in: Der Staat, Bd. 2, 1963, S. 429; *P. Schneider*, Prinzipien der Verfassungsinterpretation, VVDStRL Heft 20, S. 35; *Th. Viehweg*, Topik und Jurisprudenz, S. 55 f., 65.

verständlich vorzeichnet[10]. Dieses Ziel ist aber bisher nicht einmal von der differenziertesten Spezialgesetzgebung erreicht worden, im Bereich der Verfassungsgesetzgebung erscheint es geradezu als abwegige Vorstellung, denn es ist heute, nach den negativen Erfahrungen in Hinblick auf die normative Vollständigkeit monumentaler Kodifikationsversuche vergangener Epochen, zu rechtstheoretischem Allgemeingut geworden, daß der Gesetzgeber eine Aufgabe in dieser Form nicht allein bewältigen kann[11], weil ihm Grenzen gesetzt sind, Künftiges vorauszusehen und zu formen[12] und „das Leben täglich seiner begrenzten Voraussicht spottet" (O. Bülow)[13].

Eine weitere Möglichkeit, den Rechtsstaat auch ohne „totale Durchnormierung" zu verwirklichen, liegt darin, daß der Gesetz- oder Verfassungsgeber die Tatbestands- und Rechtsfolgeseite von Rechtsnormen abstrakt formuliert und eine Differenzierung der Auslegung durch die Rechtsprechung überläßt. Diese Form der Normbildung entgeht aber nur dann der oben dargestellten Gefahr, den Norminhalt an die anwendenden Organe der Rechtsprechung auszuliefern, wenn die Normauslegung *normadäquat* betrieben werden kann[14]. Das bedeutet, daß die Auslegung nach Methoden betrieben werden müßte, die mit ebenso großer Objektivität, also Unabhängigkeit von der Person des Auslegenden, zu ebenso sachgerechten Ergebnissen führen, wie wenn die Probleme von einem differenzierten Normsystem selbst entschieden worden wären. Dementsprechend liegt ein Schwerpunkt rechtstheoretischer Bemühungen bei der Suche nach diesen Auslegungsmethoden, die den erwähnten Anforderungen entsprechen[15] und es dem Interpreten ermöglichen, aus abstrakten Rechtsnormen subsumtionsfähige, konkrete Vorschriften zu bilden.

Zum Verständnis dieser Konkretisierung ist es wichtig, klarzustellen, daß abstrakte (Rechts-)Begriffe dadurch gebildet werden, daß unwichtige Besonderheiten der Einzelerscheinungen ausgeschieden werden[16]. Entsprechend besteht die Aufgabe der Konkretisierung darin, die wichtigen und maßgeblichen *Einzelheiten* zu bestimmen[17]. Abstraktion und Konkretisierung haben also die gemeinsame Voraussetzung, daß sie

---

[10] *M. Kriele*, Theorie der Rechtsgewinnung, S. 51.
[11] *M. Kriele*, Theorie der Rechtsgewinnung, S. 63.
[12] *R. Bäumlin*, Staat, Recht und Geschichte, S. 45.
[13] *O. Bülow*, Gesetz und Richteramt, S. 30; vgl. auch BVerfGE 2, 79 (84).
[14] Vgl. *P. Schneider*, Prinzipien der Verfassungsinterpretation, VVDStRL Heft 20, S. 8.
[15] Vgl. die Ausgangsfragestellung bei *P. Schneider*, Prinzipien der Verfassungsinterpretation, VVDStRL Heft 20, S. 14 f.
[16] *G. Radbruch*, Die Natur der Sache als juristische Denkform, S. 162.
[17] *K. Larenz*, Methodenlehre, S. 323.

2. Kap.: Objektive Systemansätze zur Rechtsfindung

eines *Bezugspunktes* bedürfen[18], von dem aus die Einzelerscheinungen als wichtig oder unwichtig geschieden werden können. Nach diesem Bezugspunkt bestimmt sich dann einerseits der Abstraktionsgrad des Begriffes[19] und andererseits die Richtigkeit des Konkretisierungsergebnisses.

Zum Beispiel wird das abstrakte Tatbestandsmerkmal einer Rechtsnorm nach dem Gesichtspunkt gebildet, daß alle nur denkbaren Konkretisierungen als Voraussetzung der in Aussicht genommenen Rechtsfolge passen und daß andererseits alle konkreten Erscheinungsformen, die die ausgewählte Rechtsfolge erfordern, durch das Abstraktum gedeckt werden. Entsprechend verhält es sich mit der Begriffsbildung abstrakter Rechtsfolgen. Und parallel dazu wird bei der Konkretisierung eines abstrakten Begriffes die rechtsfolgebedingende Tatsache nach dem Gesichtspunkt ausgewählt, daß sie die in Aussicht gestellte Rechtsfolge im Einzelfall erfordert oder rechtfertigt. Wiederum Entsprechendes geschieht bei der Konkretisierung einer abstrakt gehaltenen Rechtsfolge.

In allen diesen Fällen bleibt ausschließlich die „gerechte Lösung des Einzelfalls" der maßgebliche Bezugspunkt, der allerdings in dieser Allgemeinheit ebenso nichtssagend wie unbrauchbar ist. Er verlangt von dem Gesetzgeber dieselbe Voraussicht, die diesem eine differenzierte Einzelregelung unmöglich macht und von der Rechtsprechung gerade die Kenntnis dessen, was erst durch die Konkretisierung ermittelt werden soll.

Eingeführt wird der erforderliche Bezugspunkt der Wertung auch nicht durch die unkritische Übernahme ethischer, sittlicher oder religiöser Gehalte, weil sie in Ermangelung eines einheitlichen Wertmaßstabes[20] keinen sicheren Bezugspunkt bilden[21]. Ebensowenig sind die als grammatisch, logisch, historisch, systematisch, genetisch und teleologisch bezeichneten Interpretationsmethoden allein oder im Zusammenspiel in der Lage, *aus sich heraus* den gesuchten Bezugspunkt zu erschließen[22], weil sie sich wiederum an jeweils verschiedenen Bezugspunkten orientieren, die zwar mit dem gesuchten Bezugspunkt, der gerechten Einzelregelung, übereinstimmen können, dabei aber einen

---

[18] Bei *K. Larenz*, Methodenlehre, S. 323: „bestimmter Aspekt", „Zweck, der mit der Klassifizierung verfolgt wird".

[19] Vgl. dazu *M. Kriele*, Theorie der Rechtsgewinnung, S. 278.

[20] *R. Zippelius*, Wertungsprobleme im System der Grundrechte, S. 91 ff. und passim.

[21] *E. Forsthoff*, Die Umbildung des Verfassungsgesetzes, in: Festschrift für *C. Schmitt* (1959), S. 53, 55; *A. Podlech*, Grundrechte und Staat, in: Der Staat 1967, S. 342.

[22] Ausführlich bei *M. Kriele*, Theorie der Rechtsgewinnung, S. 67—96; *K. Hesse*, Grundzüge S. 24 f.

übergeordneten Maßstab vermissen lassen, mit dem sich die vorhandene oder fehlende Übereinstimmung feststellen ließe[23].

Solange deshalb als Systemgrundlage kein maßgeblicher Bezugspunkt verfügbar ist, der nicht nur allgemein gültig, sondern auch sachlich ergiebig ist, kann man von einem durchgehend rational gesicherten Ableitungszusammenhang bei der Rechtsfindung nicht ausgehen[24]. Und dieser Befund, daß die Rechtsfindung eines axiomatischen Systems entbehrt, dessen materieller Gehalt der Bestimmung des Gesetz- und Verfassungsgebers unterliegt und dessen Aufbau die Lösung einzelner Rechtsprobleme in einem ausschließlich objektiv bestimmten und damit rational gesicherten Ableitungszusammenhang erlaubt, ist bereits von so zahlreichen maßgeblichen Stimmen konstatiert worden[25], daß es sinnvoll erscheint, die vorhandenen Ausführungen nicht um eine weitere Untersuchung zur Frage zu vermehren, *warum* die vorhandenen Systemansätze nicht den erwünschten Anforderungen entsprechen, sondern der Frage nachzugehen, ob das erstrebte System in dieser Form *überhaupt möglich* ist[26]; dies nicht nur aus denkökonomischen Gründen, sondern vor allen Dingen, um eine Grundlage für die Weiterentwicklung der bisher lediglich negativen Übereinstimmung zu suchen.

Drittes Kapitel

Norm und Wirklichkeit

Als eine notwendige Voraussetzung des gesuchten axiomatischen Systems nennen Wissenschaftstheorie und Logistik die Vollständigkeit der Grundbegriffe und Grundtatsachen, aus denen sich die weiteren Aussagen ableiten lassen[27]. Ob diese Voraussetzung in einem Rechtssystem vorliegen oder geschaffen werden kann, ist ungewiß. Es wird im wesentlichen von der Frage abhängen, ob der zu systematisierende Stoff, die

---

[23] *K. Stern,* Gesetzauslegung und Auslegungsgrundsätze, S. 228, weist auf die „Natur der Sache" und die „innere Logik im Gesetz" hin, Prinzipien, die freilich zu unbestimmt sind, um als Auslegungsmaßstab ergiebig zu sein.

[24] *Th. Viehweg,* Topik und Jurisprudenz, S. 55 f., 66.

[25] Vgl. unter vielen anderen: *H. Coing,* Rechtsphilosophie, S. 273 ff., 276; *H. Ehmke,* Prinzipien der Verfassungsinterpretation, VVDStRL Heft 20, S. 55 f.; *K. Engisch,* Sinn und Tragweite juristischer Systematik, in: Studium Generale 1957, S. 173; *K. Larenz,* Methodenlehre, S. 135 f., 367; *Th. Viehweg,* Topik und Jurisprudenz, S. 55 f.; *F. Wieacker,* Privatrechtsgeschichte der Neuzeit, S. 436 f.; *Arthur Kaufmann,* Analogie und „Natur der Sache", S. 8.

[26] Vgl. *M. Kriele,* Theorie der Rechtsgewinnung, S. 85 f.

[27] *H. Weyl,* Philosophie der Mathematik und Naturwissenschaft, S. 34; *R. Carnap,* Abriß der Logistik, S. 70 f.; *Th. Viehweg,* Topik und Jurisprudenz, S. 55 f.

Wirklichkeit des menschlichen Lebens, auch zu den Grundbegriffen und Grundtatsachen gehört, deren vollständige Sammlung einer menschlichen Systembildung entgleiten dürfte, weil die Wirklichkeit unüberschaubare Fülle und Differenziertheit birgt.

1. Die von der neukantischen Philosophie ausgehenden Rechtstheorien haben jede Form der Abhängigkeit des Rechts von der Wirklichkeit verneint. So formuliert Rudolf Stammler: Recht besteht aus einer Anzahl von *Formen*, „die schlechterdings nichts mehr von den Besonderheiten eines wechselnden und veränderlichen Stoffes hegen"[28]. Oder Hans Kelsen: „Eine Rechtsnorm gilt nicht darum, weil sie einen bestimmten Inhalt hat, ... sondern darum, weil sie ... in einer von einer vorausgesetzten Grundnorm bestimmten Weise erzeugt ist"[29].

Aus diesen Voraussetzungen entwickelt Stammler den abgeschlossenen Katalog seiner Rechtsbegriffe[30], die nicht nur zur klärenden Bearbeitung gewisser Sonderfragen berufen seien, sondern zu den „ordnenden Weisen jedes jemals möglichen Bewußtseinsinhalts" zählten[31]. Und Kelsen verdichtet die Grundlage seines Systems zu der von ihm vorausgesetzten Grundnorm[32]. Diese Geschlossenheit der Grundbegriffe entspricht dem axiomatischen Systemideal.

Die Voraussetzungen solcher Systembildung sind aber keine gesicherte Notwendigkeit. Sie schließen letztlich an die auf *Kant* zurückgehende Erkenntnis an, daß es unzulässig sei, „die Gesetze über das, was ich *tun soll*, von demjenigen herzunehmen, oder dadurch einschränken zu wollen, was *getan wird*"[33]. Denn „das Sollen drückt eine Art von Notwendigkeit und Verknüpfung mit Gründen aus, die in der ganzen Natur sonst nicht vorkommt. Der Verstand kann von dieser nur erkennen, was da *ist* oder gewesen ist, oder sein wird. Es ist unmöglich, daß darin etwas anders *sein soll*, als es in allen Zeitverhältnissen in der Tat *ist*[34]."

Diese Erkenntnis, daß sich die Aussage eines Sollens nicht auf die Aussage eines Seins reduzieren läßt[35], bedeutet für das Recht, daß sein Inhalt nicht mit dem „wechselnden und veränderlichen Stoff" zusammenfallen kann, denn fehlte es an einem Unterschied zwischen Recht und

---

[28] R. *Stammler*, Theorie der Rechtswissenschaft, S. 8.
[29] H. *Kelsen*, Reine Rechtslehre, S. 200 f.
[30] R. *Stammler*, Rechtsphilosophie, § 112.
[31] R. *Stammler*, Rechtsphilosophie, § 3, S. 6.
[32] H. *Kelsen*, Reine Rechtslehre, S. 196.
[33] I. *Kant*, Kritik der reinen Vernunft, Ausgabe A, S. 319 (kritische Ausgabe R. Schmidt, S. 353).
[34] I. *Kant*, Kritik der reinen Vernunft, Ausgabe A, S. 547 (kritische Ausgabe R. Schmidt, S. 534).
[35] So: H. *Kelsen*, Reine Rechtslehre, S. 5.

Wirklichkeit, dann wäre die Norm schlechthin sinnlos[36]. Es gäbe kein Unrecht mehr, weil die Wirklichkeit Inhalt dessen wäre, was das Recht fordert[37], ein Zustand, der eine prästabilierte Harmonie der menschlichen Verhältnisse voraussetzt[38], die erkennbar nicht besteht.

Die Identität von Recht und Sein ist danach eine Vereinseitigung, deren Fehlerhaftigkeit jedoch nicht nachweist, daß ihr Gegenteil, die Trennung beider Sphären dem Wesen und der Aufgabe des Rechts entspricht. Denn das Recht ist eine Ordnungsgröße. Es ist darauf angewiesen, an die zu ordnende Wirklichkeit Maßstäbe anzulegen, um die vorgefundenen Verhältnisse mit dem Ziel zu erfassen, sie in je verschiedener Weise zu steuern und zu beeinflussen. Ein Maßstab ist aber zur Erfassung eines Gegenstandes unbrauchbar, wenn er nicht eine Dimension mit dem zu messenden Medium teilt, denn nach Wärmegraden kann man keine Entfernung und nach Winkelgraden keine Temperatur messen, Lärm läßt sich nicht mit Raummaßen erfassen und Helligkeit nicht mit Gewichten.

In diesem Sinne ist auch die menschliche Wirklichkeit keine amorphe Substanz, die erst durch die Erfassung mit dem Maßstab eines autonomen Rechts Dimensionen erhielte, so daß die sonst notwendige Anpassung des Maßstabes an das zu Messende entfiele[39]. Das Sein hat eigene Gestalt in sich und erhält sie nicht erst von „irrealen Formen"[40].

Aus dieser Anschauung wird deutlich, daß Recht als formales Ordnungsprinzip, gelöst von den Besonderheiten eines wechselnden und veränderlichen Stoffes, nicht der Aufgabe gerecht wird, „in einen jeden rechtlichen Willensinhalt einheitlich ordnend" eingreifen zu können, wie Stammler es annimmt[41]. Weil Form und Maßstab dem Inhalt entsprechen müssen, bleibt ein Recht „reiner Grundbegriffe", gelöst von den tatsächlichen Verhältnissen des Lebens, in sich selbst befangen[42].

---

[36] *D. Schindler,* Verfassungsrecht und soziale Struktur, S. 32.
[37] *E. Kaufmann,* Kritik der neukantischen Rechtsphilosophie, S. 14.
[38] *E. Kaufmann,* Kritik der neukantischen Rechtsphilosophie, S. 28.
[39] Vgl. *R. Zippelius,* Das Wesen des Rechts, S. 5: „Das Recht als geistiges Sein kann sich nicht über die Kategorien der niedrigeren Schichten... hinwegsetzen, sondern muß sich ihnen *anpassen.*"
[40] *H. Welzel,* Naturalismus und Wertphilosophie, S. 70 ff.; Ders., Naturrecht und materielle Gerechtigkeit, S. 243; Ders., Naturrecht und Rechtspositivismus, in: H. Niedermeyer-Festschrift, S. 290 f.; *D. Schindler,* Verfassungsrecht und soziale Struktur, S. 42; *E. Kaufmann,* Kritik der neukantischen Rechtsphilosophie, S. 94 f.; „konkrete Geistigkeit der einzelnen geschichtlichen Phänomene".
[41] *R. Stammler,* Rechtsphilosophie, § 113, S. 246; Ders., Theorie der Rechtswissenschaft, S. 8.
[42] *K. Engisch,* Sinn und Tragweite juristischer Systematik, in: Studium Generale, Bd. 10, 1957, S. 182; *H. Coing,* Rechtsphilosophie, S. 287:„ Es gibt kein Verstehen geistiger Gehalte, wenn man den Inhalt der betreffenden Geisteswerke von vornherein beiseite läßt."

Es bewegt sich in einer anderen Dimension als die menschliche Wirklichkeit und kann diese deshalb weder erfassen noch formen. Recht, das sich an den Menschen richtet, läßt sich nicht ohne Rücksicht auf die Natur des Menschen bestimmen[43], weil sonst die Möglichkeit der Verwirklichung abstrakter Sollungen durch die erkennenden Subjekte fehlt[44]. Recht will aber realiter gelten, es genügt nicht, wenn es wie die Werte des Wahren, Guten und Schönen vorhanden ist, es muß seinem Wesen nach verwirklicht werden können[45]. Das Recht ist deshalb eine Form, die notwendigerweise mit der Kompliziertheit menschlicher Verhältnisse in einer Weise verbunden sein muß, die Dietrich Schindler als „seinsädaquat" bezeichnet hat[46].

2. Die vorangehenden Ausführungen haben damit die beiden Endpunkte abgesteckt, zwischen denen sich das Verhältnis von Recht und Wirklichkeit bewegt: Recht läßt sich weder auf eine Aussage der Wirklichkeit reduzieren noch von ihr völlig ablösen. Die schillernde Polarität dieser Erscheinung ist häufig erkannt und unterschiedlich beschrieben worden. Man hat von einer Hinordnung[47] des Rechts auf natürliche Tatsachen gesprochen, von einer Relation zur Wirklichkeit[48], von einem Komplementärverhältnis[49], einer Widerspiegelung[50], einer wesensmäßigen[51] oder analogen[52] Verbindung, ohne freilich damit die bestehende Polarität völlig geklärt und aufgehoben zu haben.

Auch hier soll nicht der Versuch unternommen werden, die „ewige Frage" nach dem Verhältnis von Sein und Sollen zu beantworten. Die Problematik soll nur so weit eingegrenzt werden, daß sich Teilaspekte öffnen, die rechtstheoretische und dogmatische Folgerungen ermöglichen:

---

[43] *E. Kaufmann*, Das Wesen des Völkerrechts, S. 209; Das bleibt freilich auch *R. Stammler* nicht verborgen, deshalb seine beiläufigen (systemwidrigen)) Rekurse auf die menschliche *Erfahrung*: Rechtsphilosophie, § 24, S. 56; § 111, S. 242.
[44] *E. Kaufmann*, Kritik der neukantischen Rechtsphilosophie, S. 46.
[45] *E. Kaufmann*, Das Wesen des Völkerrechts, S. 132; *H. Welzel*, Naturrecht und Rechtspositivismus, H. Niedermeyer-Festschrift, S. 228 f.; *Arthur Kaufmann*, Analogie und „Natur der Sache", S. 8.
[46] *D. Schindler*, Verfassungsrecht und soziale Struktur, S. 4.
[47] *G. Radbruch*, Rechtsphilosophie, S. 92; *R. Zippelius*, Wertungsprobleme im System der Grundrechte, S. 100.
[48] *K. Engisch*, Zur „Natur der Sache" im Strafrecht, in: E. Schmidt-Festschrift, S. 99.
[49] *D. Schindler*, Verfassungsrecht und soziale Struktur, S. 73, 77.
[50] *Ch. Graf v. Pestalozza*, Kritische Bemerkungen, in: Der Staat 1963, S. 440.
[51] *H. Welzel*, Naturrecht und Rechtspositivismus, in: Festschrift für H. Niedermeyer, S. 293.
[52] *Arthur Kaufmann*, Analogie und „Natur der Sache", S. 15.

Der These, daß das Sollen vom Sein unüberbrückbar getrennt sei, kann man vorurteilsfrei und zu Recht entgegenhalten, daß kein Rechtssatz der Welt Unmögliches befehlen kann. Zur Verteidigung dieser These kann man sich demgegenüber auf ihre logische Unangreifbarkeit zurückziehen. Um hier eine unfruchtbare Zementierung beider Fronten zu vermeiden, ist es erforderlich, folgendes festzustellen:

Die Aussage, ein Sollen lasse sich nicht auf den Ausdruck eines Seins *reduzieren*, ist wegen der fehlenden Identität beider Erscheinungsformen[53] logisch zutreffend. Demgegenüber ist das Argument, im Recht werde das Sollen durch das physisch Mögliche determiniert[54], die Darstellung eines ontologischen Befundes, dessen Wahrheitsgehalt von dem *Inhalt* seiner Aussage abhängt. Er läßt sich deshalb nicht mit den Mitteln reiner Logik erschließen, weil diese nur Aussageverbindungen behandelt, deren Wahrheitsgehalt nicht von ihrem Inhalt, sondern lediglich von dem Wahrheitswert der verknüpften Einzelaussagen abhängt (extensionale Aussageverbindung). Und aus diesem Grund läßt sich *logisch widerspruchsfrei* feststellen, daß das Recht eine Funktion von Sollen *und Sein* ist, weil es sich über naturgegebene Abläufe nicht hinwegsetzen kann[55], ohne sich damit in seinem Geltungsanspruch[56] selbst aufzugeben.

Arthur Kaufmann führt diese „bipolare Struktur"[57] des Rechts auf seine „Realität" zurück, auf Grund derer es das Auseinanderfallen von *Wesen* und *Dasein*[57] mit allem Irdischen teile[57].

Bei Nicolai Hartmann findet sich ihre ontologische Begründung in seiner Kategorienlehre. Er verdeutlicht dort am Beispiel der Technik, die die natürlichen Energien nicht beeinflussen, nur ihre Eigenarten verstehen, sie für den Menschen verwerten könne, in ihrer Herrschaft also an die niederen Kategorien gebunden sei[58], daß die höhere Kategorie — hier das Recht — als schwächere stets von der niederen, stärkeren — hier dem Sein — abhängig sei[59]. Dies als „Grundsatz der kategorialen Dependenz" formuliert: „Was die höheren Kategorien herausformen, ist begrenzt dadurch, was auf der Seinsgrundlage des niederen Geformten sich halten kann"[59].

---

[53] *I. Kant*, Kritik der reinen Vernunft, Ausgabe A, S. 547 (kritische Ausgabe R. Schmidt, S. 534).

[54] *H. Welzel*, Naturrecht und materiale Gerechtigkeit, S. 224.

[55] *W. Maihofer*, Die „Natur der Sache" in ARSP Bd. 44, S. 188.

[56] *E. Kaufmann*, Das Wesen des Völkerrechts, S. 132.

[57] *Arthur Kaufmann*, Die ontologische Struktur, S. 482, S. 479 ff., S. 495 und passim.

[58] *N. Hartmann*, Der Aufbau der realen Welt, S. 524.

[59] *N. Hartmann*, Der Aufbau der realen Welt, S. 522, S. 525.

Wenn die Rechtsidee in idealer Reinheit also niemals Wirklichkeit werden kann, sich in dieser Wirklichkeit aber entfalten soll, muß sie durch jeden Rechtsgedanken in den Aggregatzustand des Tatsächlichen überführt[60], materialisiert[61], stoffbestimmt[62] werden. Die Rechtsordnung baut sich deshalb zu jedem Zeitpunkt aus ihren Ideal- *und* Realfaktoren auf[63]. Das bedeutet, daß die tatsächlichen (ontischen) Gegebenheiten zu den notwendigen Bestandteilen der Rechtsordnung gehören und ihre Berücksichtigung in einer Systembildung unumgänglich ist[64]. Aus diesem Phänomen läßt sich einmal die Flexibilität des Rechts erklären, sich in bestimmten Grenzen mit den Änderungen der realen Verhältnisse ebenfalls zu wandeln[65], zum anderen auch die Beobachtung, daß die Rechtsfindung nicht allein dogmatische Kenntnisse, sondern ein entwickeltes Verständnis für die Wirklichkeit erfordert[66].

3. Die *axiomatische* Erfassung der tatsächlichen Verhältnisse in einem Rechtssystem setzt aber außer der Feststellung, daß diese Faktoren den Inhalt des Rechts beeinflussen, auch die präzise Bestimmung voraus, in welcher Form welche Gegebenheiten auf welche Rechtsregelungen Einfluß haben. Einer solchen Bestimmung steht jedoch die Schwierigkeit entgegen, daß sich tatsächliche Gegebenheiten prinzipiell unbegrenzt, in beliebiger Anzahl und chaotischer Folge mit unendlich differenzierten Einflußmöglichkeiten aufzählen lassen, ihrer Einbindung in Rechtsregeln also eine Auswahl vorausgehen muß, in der darüber befunden wird, ob eine tatsächliche Gegebenheit für den Normbereich gerade dieser Regel Bedeutung hat[67]. Um hier ein Beispiel zu bilden: Die Berücksichtigung der Gravitations- und Trägheitsgesetze erscheint im Straßenverkehrsrecht sinnvoll, dagegen in einer Rechtsmaterie, die den Schutz Minderjähriger vor jugendgefährdenden Schriften regelt, kaum. Die Bedeutung hängt also vom Normbereich ab. Der Normbereich läßt sich andererseits wieder erst in Kenntnis aller wesentlichen tatsächlichen Gegebenheiten und ihrer Bedeutung bestimmen.

---

[60] *C. Schmitt*, Politische Theologie, S. 29 f.

[61] *Arthur Kaufmann*, Analogie und „Natur der Sache", S. 33.

[62] *G. Radbruch*, Rechtsphilosophie, S. 98; Ders., Die Natur der Sache als juristische Denkform, in: Laun-Festschrift, S. 163 f.

[63] *M. Scheler*, Wissensform und Gesellschaft, S. 5 f.; *D. Schindler*, Verfassungsrecht und soziale Struktur, S. 42.

[64] *J. Esser*, Grundsatz und Norm, S. 316.

[65] *E. Fechner*, Rechtsphilosophie, S. 142.

[66] *F. Wieacker*, Privatrechtsgeschichte der Neuzeit, S. 569 f.; *M. Kriele*, Gesetzesprüfende Vernunft und Bedingung rechtlichen Fortschritts, in: Der Staat 1967, S. 51; *E. Kaufmann*, Das Wesen des Völkerrechts, S. 5.

[67] *G. Strathenwerth*, Das rechtstheoretische Problem der „Natur der Sache", S. 17; *H. Henkel*, Rechtsphilosophie, S. 269.

Dazu Josef Esser: Rechtseinordnung setzt Fallauslese voraus, und diese wiederum bedingt Systembewußtsein[68]. Das heißt, das eine bedingt das andere, und das andere setzt das eine voraus, so daß die Rechtsfindung sich als Suche nach einer Konstanten darstellt, die von zwei einander variierenden Variablen gebildet werden soll.

Man hat dies als logisch unmöglich bezeichnet[69], und das ist es in der Tat auch, solange nicht ein Fixpunkt in das Modell eingeführt wird, ein Maßstab, der unabhängig vom Normbereich und tatsächlicher Gegebenheit deren wechselseitige Bedeutung füreinander bestimmt und damit fixiert. Wegen der ewigen Abhängigkeit beider voneinander, ihrer unlöslichen Relation[70], kann dieser Maßstab nicht in einem der beiden Pole *selbst* liegen. Die logische Unmöglichkeit wäre damit nicht aufgehoben. Und hier liegt der Grund der Erfolglosigkeit aller Bemühungen, der Rechtsordnung „feste Haltepunkte" und Berechenbarkeit durch Fixierung einer der gekennzeichneten Variablen *in sich selbst* zu geben, wozu besonders die ontischen Gegebenheiten anregen, die im Gegensatz zum normativen Bereich als „echte Vorgegebenheiten" der Spontaneität des Geistigen entzogen zu sein scheinen[71].

Um ihre Fixierung hat man sich mit der Darstellung „sachlogischer Strukturen"[72] und der Untersuchung des Problems der „Natur der Sache"[73] ebenso bemüht wie mit der Erforschung empirischer Fakten[74]. Aber keinem dieser Versuche ist es gelungen, allein aus den tatsächlichen Gegebenheiten eine Konstante, den gesuchten Fixpunkt in den Prozeß der Rechtsfindung einzuführen[75]. Das Ergebnis dieser Bemühungen ist entweder die Feststellung der Relativität aller tatsächlichen Gegebenheiten für die Rechtsordnung[76] oder die Ergänzung einer lediglich

---

[68] *J. Esser*, Grundsatz und Norm, S. 261. Ders., Richterrecht, Gerichtsgebrauch, und Gewohnheitsrecht in: Festschrift für F. v. Hippel, S. 120; Ders., Wertung, Konstruktion und Argument, S. 21 f.

[69] *P. L. Zampetti*, Methodologische Bemerkungen zum Verhältnis von Norm und Tatsache, ZÖöffR 1958/59, S. 104.

[70] *G. Strathenwerth*, Das rechtstheoretische Problem der „Natur der Sache", S. 25; *Arthur Kaufmann*, Analogie und „Natur der Sache", S. 39.

[71] *K. Engisch*, Zur „Natur der Sache" im Strafrecht, in: Festschrift für Eb. Schmidt, S. 100.

[72] *H. Welzel*, Naturrecht und Rechtspositivismus, in: H. Niedermeyer-Festschrift, S. 290 f.; Ders., Naturrecht und materiale Gerechtigkeit, S. 234 f.

[73] Literaturübersicht bei *K. Engisch*, Zur „Natur der Sache" im Strafrecht, Eb. Schmidt-Festschrift, S. 91.

[74] Darstellung der schwer zugänglichen amerikanischen Literatur von McDougal und Laswell bei *M. Kriele*, Theorie der Rechtsgewinnung, S. 102—113.

[75] Zur Kritik an der heutigen Diskussion über das Problem der „Natur der Sache"; *A. Baratta*, Gedanken zur dialektischen Lehre von der „Natur der Sache", Radbruch-Gedächtnisschrift, S. 174 ff.

[76] So: *H. Welzel*, Naturrecht und Rechtspositivismus, in: H. Niedermeyer-

tatsachenbezogenen Betrachtungsform durch außer"sachliche" Wertmaßstäbe, wie den Standpunkt einer „vernünftigen Person", den „gesunden Menschenverstand", das „Recht des Laien"[77].

In diese zweite Gruppe sind schließlich auch die empirischen Forschungen einzuordnen, weil schon die Wahrnehmung von Tatsachen ebenso ein wertender Bewußtseinszusammenhang ist[78] wie die Bestimmung einer empirischen Forschungsrichtung[79].

Mit dieser Feststellung soll nun keineswegs das Fehlen von „sachlogischen Strukturen" oder Eigengesetzlichkeiten aus der „Natur der Sache" oder die Wertlosigkeit empirischer Forschungen vertreten, sondern lediglich die Relativität ihres Erkenntniswertes[80] für die Rechtsfindung dargestellt werden. Denn alle diese Bemühungen führen zu keinem konstanten Axiom, auf dem sich ein Rechtssystem aufbauen ließe; ein Ergebnis, das seine Begründung letztlich darin findet, daß begrifflich so verschiedene Formen wie Sein und Sollen, Wert und Wirklichkeit, Norm und Tatsächlichkeit im Recht polar zusammengefügt sind. Und diese Polarität läßt sich zur Lösung eines konkreten Rechtsproblems systematisch nicht einfach dadurch auflösen, daß beide Pole einander wechselseitig gegenübergestellt werden. Verschiedenes steht einander so lange unverbunden gegenüber, bis die Verbindung durch einen Gesichtspunkt hergestellt wird, der das Verschiedene als gleich *erscheinen* läßt[81]. Eine Notwendigkeit, die man für das Recht als seine „Analogizität" bezeichnet hat[82].

4. In dem Bemühen, der Rechtsfindung systematischen Halt zu geben, hat man deshalb versucht, das notwendige Verbindungsglied, den Verhältniswert, der Sein und Sollen in mehrfacher Hinsicht vergleichbar macht, durch den Begriff des „Typus" einzuführen[83]. Weniger ausge-

---

Festschrift, S. 293; *G. Radbruch*, Die „Natur der Sache" als juristische Denkform, in: Laun-Festschrift, S. 162; *G. Stratenwerth*, Das rechtstheoretische Problem der „Natur der Sache", S. 27, 29; *E. Fechner*, Rechtsphilosophie, S. 151; *A. Baratta*, „Natur der Sache" und Naturrecht, S. 144—149.

[77] *W. Maihofer*, Die Natur der Sache, ARSP 44, S. 176; kritisch dazu: *A. Baratta*, „Natur der Sache" und Naturrecht, S. 144—149.

[78] *Arthur Kaufmann*, Die ontologische Struktur des Rechts, S. 483 ff.

[79] Kritische Auseinandersetzung mit dem Empirismus: *M. Kriele*, Theorie der Rechtsgewinnung, S. 107—113; *N. Bobbio*, Über den Begriff der „Natur der Sache" in ARSP Bd. 44, S. 312; vgl. auch: *W. Rumpf*, Der Strafrichter I, S. 202.

[80] Dazu: *M. Scheler*, Die Wissensform und die Gesellschaft, S. 341.

[81] *E. Husserl*, Logische Untersuchungen, II 1, S. 112 f.; *Arthur Kaufmann*, Analogie und „Natur der Sache", S. 20, 29 ff.

[82] *Arthur Kaufmann*, Analogie und „Natur der Sache", S. 23, 15.

[83] Vgl. *Arthur Kaufmann*, Analogie und „Natur der Sache", S. 38 ff.; zurückhaltender: *K. Engisch*, Konkretisierung in Recht und Rechtswissenschaft,

prägt ist dies auch mit dem Begriff der „Institution"[84] und andeutungsweise mit dem des „standards"[85] geschehen.

Der Typus erscheint als ein Ordnungsbegriff, der es ermöglicht, „etwas über die Stellung der Objekte in einer mehrdimensionalen Reihenordnung auszusagen", der mehrere Beschaffenheiten — hier also Faktum und Norm — gleichstellig mit anderen festzulegen vermag[86], die Institution als eine Erscheinung, in der eine Leitidee in dem sozialen Milieu durch bestimmte Organisationsvorgänge verwirklicht wird[87].

Doch auf der Suche nach dem einheitsbildenden Faktor zerfällt die Komplexität beider Erscheinungsformen.

Die Institutionenforschung weist mit dem Begriff der „Verwirklichung" und „Organisation" über den selbständigen Inhalt der Institution hinaus auf dahinterliegende Maßstäbe und Verbindungsformen[88]. Und auch der Typuslehre ist es nicht gelungen, einen Katalysator von Idee und Wirklichkeit, Vorgegebenem und Aufgegebenem systematisch zu erfassen[89]. Es ist vielmehr das Gegenteil, eine Aufgliederung der Typusformen[90] zu beobachten, die sich bezeichnenderweise in zwei Hauptgruppen zu je einem der Pole hinorientieren, deren *Verbindung* gerade vom Typus erhofft wird: Der Realtypus ist eine empirische Typusform, die durch Beobachtung einer Mehrzahl von Einzelfällen gewonnen wird[91]. Er ist als „Durchschnitts- oder Häufigkeitstypus"[92] ein Spiegel der vorgegebenen Wirklichkeit, ohne aber die Tendenz des Gesollten zu erfassen, und ist insoweit kein „Steigerungsbegriff"[93]. Da-

---

S. 284; *H. J. Wolf*, Typen im Recht, in: Studium Generale, Bd. V, 1951, S. 200, 205; *P. Lerche*, Übermaß und Verfassungsrecht, S. 335 ff.

[84] *M. Hauriou*, Theorie der Institution, S. 28, 32 f.; *H. Dombois*, Das Problem der Institutionen, S. 55, 57 ff.; *R.-P. Calliess*, Eigentum als Institution, S. 38, 57; *P. Häberle*, Wesensgehaltgarantie, S. 70 ff.

[85] *J. Esser*, Grundsatz und Norm, S. 224 f.: „standards", die keine empirischen Befunde sind, sondern *Wertentscheidungen* an dogmatisch gesicherten Elementen erfordern und dann „unversehens ein System vermitteln". — Verwendung des „standards" in deutlicher Entgegensetzung zum komplexen *System* bei *K.-H. Strache*, Das Denken in „standards", S. 70 ff., 116 ff., mit der Tendenz, den „standard" der Sphäre des *Tatsächlichen* zuzuordnen, S. 66 ff.

[86] *K. Engisch*, Konkretisierung, S. 244.

[87] *M. Hauriou*, Theorie der Institution, S. 34.

[88] Deutlich der Rekurs bei *R.-P. Calliess*, Eigentum als Institution, S. 142, auf die „theologische Aussage"; vgl. auch *N. Luhmann*, Grundrechte als Institution, S. 12, Note 14.

[89] *P. Lerche*, Übermaß und Verfassungsrecht, S. 337: „Eine Typik läßt sich nur abgewinnen, wenn es gelingt, Maßstäbe dafür zu entwickeln, was im Einzelnen als erhebliche Sachverhaltseigenart anzusehen ist."

[90] *K. Engisch*, Konkretisierung, S. 263, 239 und passim.

[91] Zuerst: *G. Jellinek*, Allgemeine Staatslehre, S. 34 f.

[92] *K. Engisch*, Konkretisierung, S. 240.

[93] *K. Engisch*, Konkretisierung, S. 285.

gegen ist der Idealtypus — im Sinne Max Webers die Steigerung einiger Gesichtspunkte der Einzelerscheinungen zu einem einheitlichen Gedanken[94] — in seiner Idealität als Schema zur Ordnung der Wirklichkeit ungeeignet[95] und nur durch die Vermittlung einer „an der *Wirklichkeit orientierten* und geschulten *Phantasie*" ein Maßstab für diese[96].

Der hier unternommene Versuch, das Wesen von Typus und Institution definitorisch, also begrifflich fixieren zu wollen, ist keine Verkennung des Wesens beider (für die Rechtsfindung überaus fruchtbarer) Erscheinungsformen[97], sondern nur die begrenzte Prüfung ihrer Brauchbarkeit im Rahmen eines axiomatischen, deduzierbaren Systems.

Unter diesem Gesichtspunkt läßt sich feststellen, daß beiden Erscheinungsformen die innere Selbständigkeit, begriffliche Voraussetzung eines Axioms, ermangelt. Durch sie wird die vorhandene Spannung von Sein und Sollen, von Faktum und Norm lediglich per definitionem in einem neuen Begriff aufgelöst, dessen illusionäre Harmonisierung mit dem Verlust jeder fixierbaren Aussage erkauft wird.

An diesen Denkmodellen wird deutlich, daß sich die Polarität von Sein und Sollen in ihrer unendlichen Vielfalt von Kombinationsmöglichkeiten einer Reduzierung auf inhaltlich begrenzte Axiome entzieht. Als Zwischenergebnis läßt sich deshalb festhalten, daß die Vorstellung eines deduzierbaren Rechtssystems auch in Ansätzen nur Trugbild bleiben muß[98] und die Idee einer vollkommenen Rechtsdogmatik, in der die Entscheidung ein klarer Subsumtionsschluß ist, unhaltbar wird[99].

Viertes Kapitel

Rechtsfindung als Dezision innerhalb rationaler Grenzen

Die äußerste Konsequenz dieses Zwischenergebnisses läßt sich mit der lapidaren Gegenüberstellung Radbruchs abstecken: „Vermag niemand" (sc. systematisch) „festzustellen, was gerecht ist, so muß jemand

---

[94] *M. Weber*, Die „Objektivität" sozialwissenschaftlicher und sozialpolitischer Erkenntnisse, S. 191.
[95] *G. Jellinek*, Allgemeine Staatslehre, S. 34; *M. Weber*, Die „Objektivität" sozialwissenschaftlicher und sozialpolitischer Erkenntnis, S. 194.
[96] *M. Weber*, Die „Objektivität" sozialwissenschaftlicher und sozialpolitischer Erkenntnis, S. 194.
[97] Undefinierbarkeit des Typus: *Arthur Kaufmann*, Analogie, S. 39; für die Institution: *H. Dombois*, Das Problem der Institutionen, S. 57.
[98] *Th. Viehweg*, Topik und Jurisprudenz, S. 55, 65; *M. Kriele*, Theorie der Rechtsgewinnung, S. 121; *K. Engisch*, Sinn und Tragweite, Studium Generale 1957, S. 175; *H. Ehmke*, Prinzipien, VVDStRL Heft 20, S. 55 f., 62; *Ch. Graf von Pestalozza*, Kritische Bemerkungen, Der Staat 1963, S. 429.
[99] *H.-G. Gadamer*, Wahrheit und Methode, S. 313.

festsetzen, was rechtens sein soll"[100]. Das bedeutet, daß eine Rechtsfindung, der die Möglichkeit fehlt, sich an einem geschlossenen System zu orientieren, in ihrem Kern auf individuelle Entscheidungsmomente angewiesen ist, die sich einer vollständigen Objektivierung entziehen[101], so daß damit die Person des Entscheidenden für den Inhalt der Entscheidung selbständige Bedeutung gewinnt[102, 103].

Das bedeutet ferner, daß individuelle Entscheidungsmomente grundsätzlich jede Rechtsentscheidung, wenn auch in unterschiedlichem Maße, durchziehen[104] und selbst dort vorhanden sind, wo offenbar eindeutige Rechtsnormen auf unproblematische Sachverhalte angewandt werden, nur daß dann die „außernormativen" Entscheidungen über die Eindeutigkeit der Norm und Problemlosigkeit des Falles routinemäßig und deshalb unbeobachtet getroffen werden[105].

Es wäre nun allerdings eine primitivierende Alternative, die Rechtsfindung allein deshalb in der Nähe der Willkür lokalisieren zu wollen, weil sie sich nicht ausschließlich auf die Anwendung vorgegebener Grundsätze beschränken kann. Ebenso verfehlt wäre es, nur noch von der Ausnahme her zu denken[106], weil eine durchgehende Regel fehlt, und aus der Verzweiflung am Normativen einem Kult des Irrationalen zu verfallen[107] und ihn zum Resignationsideal zu erheben[108].

Solche Vereinseitigungen sind ebenso wie übersteigerter Normativismus eine Flucht aus der erdrückenden Mannigfaltigkeit der Wirklich-

---

[100] *G. Radbruch*, Rechtsphilosophie, S. 179: „rechtens", nicht richtig.

[101] *J. Esser*, Grundsatz und Norm, S. 256, 262, 111; *C. Schmitt*, Das Reichsgericht als Hüter der Verfassung, S. 79; *D. Schindler*, Verfassungsrecht und soziale Struktur, S. 54; *M. Kriele*, Theorie der Rechtsgewinnung, S. 170, 192 ff.; *P. Schneider*, Prinzipien, VVDStRL Heft 20, S. 35; *F. Müller*, Normstruktur und Normativität, S. 29 f.

[102] *E. Kaufmann*, Das Wesen des Völkerrecht, S. 140; *C. Schmitt*, Politische Theologie, S. 23; *R. Bäumlin*, Staat, Recht und Geschichte, S. 43; *Ch. Graf v. Pestalozza*, Kritische Bemerkungen, in: Der Staat 1963, S. 430; *W. Krawietz*, Das positive Recht und seine Funktion, S. 111; *F. Müller*, Normstruktur und Normativität, S. 33, 66, 148.

[103] In diesem Umstand liegt eine Erklärung dafür, daß gerichtliche Zuständigkeitsregelungen über Art. 101 des Grundgesetzes den Rang eines Verfassungsprinzips erhalten haben.

[104] *J. Esser*, Grundsatz und Norm, S. 58.

[105] *J. Esser*, Grundsatz und Norm, S. 253, 262; *W. Sax*, Über Rechtsbegriffe, in: Nottarp-Festschrift, S. 141.

[106] *Ch. Graf von Krockow*, Die Entscheidung, S. 61, als kritische Charakterisierung des politischen Denkens C. Schmitts.

[107] *W. Kägi*, Die Verfassung, S. 24 Note 10, über die verfassungsrechtliche Situation der Gegenwart (1945).

[108] *R. Isay*, Rechtsnorm und Entscheidung, S. 67 ff.

4. Kap.: Rechtsfindung als Dezision innerhalb rationaler Grenzen 25

keit[109], sie entspringen dem zwar verständlichen Bedürfnis, die nicht nachlassende Spannung zwischen der Aufgabe des Rechts und den begrenzten menschlichen Möglichkeiten radikal zu lösen, hindern aber die notwendige Kultivierung der Rechtswirklichkeit und diskreditieren die Rechtsfindung zum platten Dezisionismus.

Resignation[110] wäre nur berechtigt, wenn sich erweisen sollte, daß jede Rechtsentscheidung *überhaupt keine* überindividuellen Elemente enthielte, die man aus den vorwiegend subjektiv gefärbten Momenten herauslösen könnte, denn nur dann liefe die Rechtsenscheidung, die im Ordnungsinteresse weiterhin unentbehrlich bliebe[111], auf eine alles Wesentliche verfehlende Dezision hinaus.

1. Im Bereich der Rechtsfindung wird die individuelle Entscheidungsfreiheit aber bereits im Vorfeld der Entscheidung, im ersten emotionalen Urteil über Recht und Unrecht objektiv eingegrenzt. Dieses erste Urteil, das sich in jedem rechtsunkundigen Laien bildet und ihn gegebenenfalls veranlaßt, in bestimmten Angelegenheiten juristischen Rat zu suchen, setzt, um sich überhaupt bilden zu können, vorgegebene Maßstäbe voraus, Erwartungen darüber, wieweit die Beeinträchtigung im sozialen Kontakt zulässigerweise gehen kann, wo die soziale Opfergrenze verläuft. Und im Gegensatz zu Empfindungen wie Schmerz oder Hunger bildet und legitimiert sich auch die erste emotionale Vorstellung über eine zumutbare Belastung im Sozialverkehr aus dem Vergleich mit der Umwelt. Die Vergleichsmöglichkeit völlig verschiedener Tatsachenkonstellationen ergibt sich dabei aus der menschlichen Fähigkeit, *mitzuempfinden*, sich in fremde Erlebniszusammenhänge hineinzudenken und die nachempfundenen Emotionen mit den ursprünglichen eigenen zu vergleichen[112]. Das Ergebnis dieses Vergleichs, die Bestimmung des Verhältnisses von eigenen Erlebnissen zur allgemeinen sozialen Opfergrenze wird dabei gewöhnlich verzerrt und weit entfernt davon sein, als verbindlicher Rechtsentwurf gelten zu können, weil es im Regelfall auf Vereinseitigung und Vorzugstendenzen beruht. Wichtig ist in diesem Zusammenhang aber, daß dieses Urteil, wenn auch nur unvollkommen, in Auseinandersetzung mit Faktoren gebildet wird, die außerhalb der Person des Urteilenden liegen, so daß es eine überindividuelle Grund-

---

[109] *E. Kaufmann*, Das Wesen des Völkerrechts, S. 99.

[110] Bei *E. Forsthoff*, Zur Problematik der Verfassungsauslegung, Vorwort.

[111] *E. Forsthoff*, Die Umbildung des Verfassungsgesetzes, S. 54; Ders., Zur Problematik der Verfassungsauslegung, S. 33, 39.

[112] *E. Husserl*, Erfahrung und Urteil, S. 172: „Aber nicht nur das orginaliter wahrnehmbar im gegenständlichen Hintergrund Mitgegebene bietet Anlaß zu beziehender Betrachtung und Gewinnung von relativen Bestimmungen, sondern auch der Horizont typischer Vorbekanntheit."

lage hat[113], von der aus sich individuelle Vereinseitigungen eliminieren lassen.

Bis zu diesem Punkt laufen laienhafte und geschulte Rechtsfindung parallel. Auch der Jurist ist zunächst auf eine erste emotionale Erfassung von Tatsachenzusammenhängen angewiesen, um eine vorläufige Basis für das Verstehen von Rechtsproblemen zu gewinnen[114], denn ein Verstehen kann überhaupt erst beginnen, wenn eine konkrete Erscheinung durch den Reiz ihres Andersseins als bemerkenswert auffällt[115] und damit in den „Lichtkegel der Relevanz" gerät[116]. Voraussetzung des Auffallens ist aber wiederum eine Differenz zwischen wahrgenommener Erscheinung und den Erwartungen eines bereits vorhandenen inneren Sinnentwurfs[117]. Und deshalb ist jede Rechtsfindung darauf angewiesen, der sozialen Wirklichkeit mit einem groben Sinnentwurf, einem Vorurteil über die Möglichkeit sinnvoller Existenz zu begegnen[118].

Um diese erste Auswahlfunktion erfüllen zu können, müssen Sinnentwurf und konkrete Erscheinung differenzfähig, also vergleichbar sein. Die Erfahrung eines Juristen über den etwaigen Verlauf der sozialen Opfergrenze und ein loser vor ihn gebrachter Tatsachenzusammenhang sind aber wegen ihrer unterschiedlichen Dimension nicht ohne weiteres vergleichbar und bedürfen deshalb zu ihrer *Vermittlung* der emotionalen Fähigkeit[119], sich am *konkreten*[120] Vorgang in fremde Tatsachenzusammenhänge hineinzudenken, ihre soziale Belastung zu empfinden und sie mit einer durchschnittlichen Opfergrenze zu vergleichen. Hier liegt der Grund für die Parallelität laienhafter und geschulter

---

[113] *H.-G. Gadamer*, Wahrheit und Methode, S. 277: „Die Antizipation von Sinn ... ist nicht eine Handlung der Subjektivität, sondern bestimmt sich aus der Gemeinsamkeit, die uns mit der Überlieferung verbindet."

[114] *H. Ehmke*, Prinzipien, VVDStRL Heft 20, S. 56; *R. Zippelius*, Wertungsprobleme, S. 194.

[115] *H.-G. Gadamer*, Wahrheit und Methode, S. 252, 283; *E. Husserl*, Erfahrung und Urteil, S. 85 f.

[116] *E. Rothacker*, Die dogmatische Denkform, S. 279.

[117] *E. Husserl*, Erfahrung und Urteil, S. 87 f.; *Ch. Graf von Krockow*, Die Entscheidung, S. 142 f.; *H.-G. Gadamer*, Wahrheit und Methode, S. 251 f.

[118] *H.-G. Gadamer*, Wahrheit und Methode, S. 251, 278 und passim; *H. Ehmke*, Prinzipien, VVDStRL Heft 20, S. 56 ff.; *M. Kriele*, Theorie der Rechtsgewinnung, S. 162 ff.; *H. Welzel*, Naturrecht und materiale Gerechtigkeit, S. 244; *Ch. Graf von Krockow*, Die Entscheidung, S. 141 ff.; *J. Hruschka*, Die Konstitution des Rechtsfalles, S. 20; allgemeiner, über den Bereich der Rechtsfindung hinaus: *N. Hartmann*, Der Aufbau der realen Welt, S. 604; *K. Hesse*, Grundzüge, S. 26 f.

[119] *K. Engisch*, Logische Studien, S. 30: Das „*Wertgefühl*" begründet die in der Subsumtion liegende Gleichsetzung; vgl. auch *D. Jesch*, Unbestimmter Rechtsbegriff und Ermessen, S. 171; *J. Esser*, Wertung, Konstruktion und Argument, S. 21.

[120] Zur Bedeutung des *konkreten* Problems für die Verfassungsinterpretation: *K. Hesse*, Grundzüge, S. 26.

4. Kap.: Rechtsfindung als Dezision innerhalb rationaler Grenzen

Rechtsfindung und der Grund für den unverzichtbaren Anteil emotionaler Laienelemente an der Rechtfindung[121].

Juristische wie laienhafte Rechtsfindung sind zunächst auf gewisse menschliche Erfahrungen als Voraussetzung eines Problembewußtseins[122] und eines ersten Sinnentwurfs der Verhältnisse angewiesen. Ihr Unterschied liegt prinzipiell nur in der verschieden ausgebildeten Fähigkeit, ein vorläufiges, emotionales Urteil von sujektiven Befangenheiten zu lösen und pauschale wie undifferenzierte Vereinseitigungen zu eliminieren. Der Jurist hat auf Grund seiner Sacherfahrung und des dadurch bedingt weiter gespannten Problemhorizonts die Möglichkeit, seine emotionale Wertung von unsachlichen Momenten zu befreien und seine Wertung nach Einführung neuer *sachlicher* Gesichtspunkte zu wiederholen. Um die tragenden Momente seiner Wertung zu disziplinieren, hat er die Möglichkeit und auch die Verpflichtung, auf gesetzliche Regelungen und ergangene sowie wissenschaftlich postulierte Entscheidungen zurückzugreifen.

Doch ist der Wert dieser Hilfen begrenzt: Sie alle sind ursprünglich nur die Fixierung einer Lösung vergangener Probleme[123], die auf Grund damaliger Erfahrung gewonnen wurden. Es bedarf deshalb einer über ihren Gehalt hinausgehenden Wertung, um festzustellen, ob der einmal gewonnene Lösungsschlüssel auch für die Lösung der neuen Problematik paßt. Die Gleichheit der Problemlagen läßt sich aber *nur* in Hinsicht auf eine Spezies bestimmen, der *beide* Problemkonstellationen unterstehen und die nicht mit einer von ihnen identisch ist[124].

Das bedeutet: Die Einschlägigkeit eines Präjudizes läßt sich nicht ausschließlich aus ihm selbst und aus der anstehenden Problematik gewinnen. Ebensowenig läßt sich allein aus dem Gesetz, dem lösungsbedürftigen Fall oder einem „Hin- und Herwandern des Blicks" zwischen beiden[125] entscheiden, ob die Vorzugstendenzen des angezogenen Gesetzes, die als Lösung einer bestimmten Problemlage nur für diese verbindlich formuliert worden sind, gerade auch im anstehenden Fall ihre Entsprechung finden. Dies ist nur an Hand von *zusätzlichen Kriterien* möglich[126], durch die Fall und Gesetz vergleichbar werden. Das

---

[121] *I. Kant*, Kritik der reinen Vernunft, Ausgabe A, S. 133 (kritische Ausgabe R. Schmidt, S. 194), Trennung der „juristischen Regeln" von der notwendigen „natürlichen Urteilskraft". Vgl. auch die Einbeziehung von Schöffen, Handels-, Arbeits- und Landwirtschaftsrichtern in den berufsrichterlichen Spruchkörper.
[122] *O. Bülow*, Gesetz und Richteramt, S. 17.
[123] *J. Esser*, Grundsatz und Norm, S. 303.
[124] *E. Husserl*, Logische Studien, Bd. 2, Teil 1, S. 112 f.
[125] *K. Engisch*, Logische Studien, S. 15.
[126] Das wäre im Bilde Engischs der „Blick".

Gesetz muß, wie man sagt, mit der konkreten Siuation *vermittelt* werden[127], eine Vermittlung, die durch eine emotionale Wertung möglich ist, in der Ungleiches unter dem Gesichtspunkt der sozialen Opfergrenze vergleichbar erscheint.

Aber auch diese Wertung sieht sich wegen ihres emotionalen Gehalts sogleich vor die fortgesetzte Aufgabe erneuter Eliminierung unsachlicher Kriterien vermittels eines wiederum weiter gespannten Problemhorizontes gestellt. Die so fortschreitende Differenzierung und Versachlichung einer Rechtsentscheidung wird zwar durch die Erfahrung eines Problemhorizontes rational gesteuert, ist aber auf jeder Stufe ihres Fortschreitens im Kern auf das emotional reproduzierende Rechtserlebnis angewiesen, durch das unterschiedliche Tatsachenverbindungen in Hinblick auf ihre soziale Belastung vergleichbar werden.

Aus diesem Grund wird auch der erste Vorgang einer Rechtsgewinnung noch nicht vollständig dadurch wiedergegeben, daß der Jurist eine eigene Normhypothese bilde, die die Härten des konkreten Falles heile, und sie dann mit den in Gesetz oder Gerichtsentscheidungen enthaltenen Normen vergleiche[128]; denn konkrete Normhypothesen und vorhandene Normen sind an sich wegen der Verschiedenheit ihres Abstraktionsgrades und ihrer Voraussetzungen *inkommensurabel*. Vergleichbare Größen werden sie erst dadurch, daß die ihnen zugrundeliegenden Tatsachenverbindungen in einem sie reproduzierenden Rechtserlebnis einander gegenübergestellt und in Hinblick auf ihre soziale Belastung verglichen werden. Dadurch wird die Rechtsprechung zwar verfeinert, aber nie völlig objektiviert, so daß weder das Präjudiz noch die Gesetzesregelung einen Fixpunkt[129] bilden, durch den die Möglichkeit einer bestimmten Wertung präzise abgeschnitten sein könnte[130]. Das unablässige Suchen setzt sich auch an Hand des positiven Rechts fort[131]. Wertungstendenzen können lediglich durch ihre Wiederholung auf

---

[127] Schon *P. Oertmann*, Gesetzeszwang und Richterfreiheit (1909), S. 24; ihm folgend: *C. H. Ule*, Zur Anwendung unbestimmter Rechtsbegriffe im Verwaltungsrecht, in: W. Jellinek-Gedächtnisschrift, S. 319; ferner: *D. Jesch*, Unbestimmter Rechtsbegriff und Ermessen, AÖR 82, S. 189; *J. Esser*, Grundsatz und Norm, S. 262 ff. u. passim; *Arthur Kaufmann*, Die ontologische Struktur des Rechts, S. 507; *M. Kriele*, Theorie der Rechtsgewinnung, S. 160 f., 255 f.; *H.-G. Gadamer*, Wahrheit und Methode, S. 310 f., 334; *Ch. Graf von Pestalozza*, Kritische Bemerkungen, in: Der Staat 1963, S. 427.

[128] So: *M. Kriele*, Theorie der Rechtsgewinnung, S. 162 ff.; Ders., Gesetzprüfende Vernunft und Bedingungen rechtlichen Fortschritts, in: Der Staat, 1967, S. 55.

[129] Anders: *W. Krawietz*, Das positive Recht, S. 100.

[130] Anders offenbar für die gesetzliche Regelung: *M. Kriele*, Theorie der Rechtsgewinnung, S. 164, S. 202, 204.

[131] *Th. Viehweg*, Topik und Jurisprudenz, S. 15.

4. Kap.: Rechtsfindung als Dezision innerhalb rationaler Grenzen

Grund relativer Stagnation der tatsächlichen Verhältnisse und bestehenden Werthaltungen[132] eine *suggestive* Selbstverständlichkeit ausstrahlen, die dem Grad einer „Bestimmtheit" *gleichkommt*. Absolute Bestimmtheit, reine Normativität setzt aber eine Normalität voraus, die im sozialen Bereich nicht vorkommt[133] und utopischenfalls auch jede Rechtssuche erübrigen würde — ein Gedanke, der in seiner Umkehrung verdeutlicht, daß das Fehlen jeder Normalitiät auch alle normativen Ansätze vernichtet[134].

Zwischen diesen beiden Polen bewegt sich die Rechtswirklichkeit mit unterschiedlicher Tendenz von Sachgebiet zu Sachgebiet. Das Zivilrecht, das auf der relativen Konstanz privater Sozialkontakte fußt, hat eine geschliffene Dogmatik entwickeln können, die allerdings in Ausnahmezuständen — Inflation oder Störung des Arbeitsmarktes — zunächst ähnlich unsicher reagiert hat, wie beispielsweise die verfassungsrechtliche Dogmatik, die ein permanent instabiles Substrat erfaßt und deshalb auf annähernd leere Hilfsbegriffe wie „Willkürverbot"[135] angewiesen ist[136].

Weil menschliches Verhalten und Leben nicht der Ablauf völliger Gleichförmigkeit ist, teilt sich das Offene, nicht abschließend Sicherbare, die Unbestimmbarkeit der menschlichen Existenz auch dem Recht als Äußerung dieser Existenz mit[137]. Aus diesem Grund gibt es auf keiner Stufe rechtlichen Handelns völlige Bestimmtheit und Gewißheit über die Richtigkeit des herausgestellten Sinnentwurfs[138]. Die Rechtsfindung ist im Ergebnis auf Approximalwerte beschränkt. Die Ausschöpfung des wahren Sinnes bleibt nicht nur ein theoretisch endliches Problem von

---

[132] *C. Schmitt*, Legalität und Legitimität, S. 11 f.; *C. F. Menger*, Moderner Staat und Rechtsprechung, S. 19; *Ch. Graf von Krockow*, Die Entscheidung, S. 155.

[133] *D. Schindler*, Verfassungsrecht und soziale Struktur, S. 58.

[134] *C. Schmitt*, Legalität und Legitimität, S. 19, 71 f.; Ders., Politische Theologie, S. 13, 49; Ders., Drei Arten rechtswissenschaftlichen Denkens, S. 22 f.; *H. Ehmke*, Prinzipien, VVDStRL, Heft 20, S. 72; *M. Drath*, Grenzen der Verfassungsgerichtsbarkeit, S. 91; *H. Topitsch*, Konventionalismus und Wertungsproblem in den Sozialwissenschaften, in: Sozialphilosophie zwischen Ideologie und Wissenschaft, S. 122 f.

[135] Ständige Rechtsprechung des BVerfG: Bd. 1, S. 14 (52); Bd. 22, S. 387 (415); *G. Leibholz - H. J. Rinck*, Grundgesetz Art. 3, Anm. I A 2; *H. von Mangoldt - F. Klein*, Grundgesetz Art. 3, Anm. III 4 a; *G. Anschütz*, Zur Verfassung des Deutschen Reiches, S. 525.

[136] Ein Problem, das gewöhnlich unter der Bezeichnung „Dynamik des Verfassungsrechts" abgehandelt wird.

[137] *R. Bäumlin*, Staat, Recht und Geschichte, S. 43, 46; *E. Kaufmann*, Das Wesen des Völkerrechts, S. 226; *Ch. Graf von Krockow*, Die Entscheidung, S. 154; *W. Henke*, Sozialtechnologie und Rechtswissenschaft, Der Staat 1969, S. 8.

[138] *H. Welzel*, Naturrecht und materiale Gerechtigkeit, S. 242; *M. Kriele*, Theorie der Rechtsgewinnung, S. 134, 188.

Zeit und Arbeitskraft[139], sondern ist, an den begrenzten Erfahrungshorizont gebunden, ein stets unendlicher Prozeß[140].

2. Soweit damit feststeht, daß die Erkenntnis eine „absolute Gerechtigkeit" nicht erreicht[141], wäre es verfehlt, aus der Einsicht, nicht alles erreichen zu können, die Bemühung um Annäherungswerte aufzugeben. Der so motivierte Verzicht auf eine begrenzt richtige Entscheidung ist keine kluge Selbstbeschränkung angesichts nur begrenzter Möglichkeiten, sondern zugleich eine Entscheidung für den „status quo", den beizubehalten unvernünftiger sein kann, als eine nicht abschließend wahre Entscheidung zu treffen[142]; es ist ebenso ein Verzicht auf vernunftorientierte Gestaltung zugunsten zufälliger Einflüsse. Diese Haltung verfehlt die Aufgabe, einer durch Endlichkeit begrenzten menschlichen Existenz eine angemessene, also ebenfalls endliche Form zu schaffen. Deshalb ist Recht als Annäherungswert verstanden, keine fehlerhafte Übergangserscheinung zu einem unerreichbaren Ziel, sondern ein eigenständiger, kultivierungsbedürftiger Wert.

Um diese Eigenständigkeit zu erreichen, ist es erforderlich, die Rechtsfindung von den unendlichen Möglichkeiten der Reflexion in einem Stadium abzutrennen[143], welches der Differenziertheit der Problematik angemessen ist, und die soweit gewonnene Lösung als *Entscheidung* des Problems über die argumentierende Begründung und ihren Inhalt zu stellen und ihr dadurch Wirkungsmöglichkeit und eigenen Wert zu geben[144]. Weil aber die Möglichkeit fehlt, den Punkt präzise bestimmen zu können, an dem die Unterbrechung der Argumentation rational angemessen erscheint, bleibt nur die Möglichkeit, die Entscheidung autoritativ[145] von einer Person oder Organisation treffen zu lassen, der

---

[139] So aber wohl: *M. Kriele*, Theorie der Rechtsgewinnung, S. 189.

[140] *H.-G. Gadamer*, Wahrheit und Methode, S. 282; *M. Scheler*, Die Wissensform und die Gesellschaft, S. 343; *R. Bäumlin*, Staat, Recht und Geschichte, S. 17 f.; *G. Holstein*, Von Aufgaben und Zielen, AöR 50, S. 7; *Ch. Graf von Krockow*, Die Entscheidung, S. 130; *Th. Viehweg*, Topik und Jurisprudenz, S. 65.

[141] Dazu: *Arthur Kaufmann*, Gesetz und Recht, in: Festschrift für E. Wolf, S. 366; Vgl. auch *N. Luhmann*, Grundrechte als Institution, S. 60 f.

[142] *M. Kriele*, Theorie der Rechtsgewinnung, S. 194.

[143] *C. Schmitt*, Politische Theologie, S. 33; Ders., Das Reichsgericht als Hüter der Verfassung; S. 79; *M. Kriele*, Theorie der Rechtsgewinnung, S. 192; *D. Schindler*, Verfassungsrecht und soziale Struktur, S. 54; *F. Müller*, Normstruktur und Normativität, S. 29.

[144] *C. Schmitt*, Politische Theologie, S. 131; *H. Heller*, Staatslehre, S. 264 f.: „Die Entscheidung muß als Norm vergegenständlicht werden."

[145] Autorität als Erkenntnisquelle: *H.-G. Gadamer*, Wahrheit und Methode, S. 263 f.; für das römische Recht: *F. Schulz*, Prinzipien des römischen Rechts, S. 125 f.

4. Kap.: Rechtsfindung als Dezision innerhalb rationaler Grenzen

entsprechende Reife und Problembewußtsein generell zugetraut wird[146] und die dadurch legitimiert ist.

Dazu Rudolf Smend: „Es gibt kein geistiges Leben ohne Führung — am wenigsten im Bereich der Bildung und Normierung von kulturellem Gemeinwillen"[147]. Und Erich Kaufmann: „Alle Rechtssätze sind im letzten Grunde nur Ermächtigungen an Willen, denen Entscheidungen zugetraut werden dürfen"[148].

Der im letzteren Zitat enthaltenen Überspitzung wird man allerdings mit dem Hinweis begegnen müssen, daß auch eine Rechtsentscheidung, die von berufener und zuständiger Stelle getroffen worden ist, lediglich relative Unabhängigkeit von ihrem Inhalt besitzt, so daß der Rechtssatz nicht ausschließlich als Willensermächtigung verstanden werden kann. Das menschliche Leben bedarf zwar der (Rechts-)*Form*, muß sich ihrer aber wieder entledigen können[149], wenn sie sich nicht nur als relativ unpassend, sondern schlechthin unangemessen erweist, wenn die unlösliche Spannung zwischen statischer Norm und fließender Wirklichkeit[150] über den Grad einer Begrenzung hinaus zu einer Erdrückung des Lebens führt.

Die als endliche Form konzipierte Rechtsentscheidung enthält deshalb außer dem Moment der Willensermächtigung auch alle jene rationalen *Ansätze*, auf Grund derer sie prinzipiell revisibel ist, soweit sich ihre Befangenheit und Begrenztheit auf Grund besserer Einsichtsmöglichkeiten und einer Erweiterung des Problemhorizonts erweist. Hier allerdings liegt ein zentrales Problem der Rechtsfindung: Prinzipielle Revisibilität kann nicht zu dauernder Revision führen, ohne damit das notwendigerweise formgebende Element der Rechts*entscheidung* wieder aufzuheben und dadurch die unentbehrliche Form einem unangemessenen absoluten Erkenntnisideal zu opfern. Aus diesem Grund hat die einmal gewählte Form ihre Berechtigung auch da noch, wo sie unzweckmäßig, lästig oder gar ungerecht erscheint. Dura lex sed lex. „Das einmal Festgelegte muß im Umkreis des Rechts zäh festgehalten werden"[151], weil die Möglichkeit besserer Einsicht stets nur Wahrscheinlichkeit bleibt.

Um die Verwerfung der einmal gewählten Form zu rechtfertigen, muß diese Wahrscheinlichkeit den Annäherungsgrad einer Bestimmtheit erreichen. Der gewählten Rechtsform muß die überwiegende An-

---

[146] E. *Kaufmann*, Das Wesen des Völkerrechts, S. 140.
[147] R. *Smend*, Verfassung und Verfassungsrecht (1928), S. 26.
[148] E. *Kaufmann*, Das Wesen des Völkerrechts, S. 152.
[149] E. *Kaufmann*, Kritik der neukantischen Rechtsphilosophie, S. 101.
[150] K. *Hesse*, Die normative Kraft der Verfassung, S. 4 f.
[151] Th. *Viehweg*, Topik und Jurisprudenz, S. 33.

nahme versagt bleiben. Wann dies der Fall ist, läßt sich jedoch ebenso wie die positive Rechtsbestimmung nicht einfach feststellen, sondern letztlich nur autoritativ entscheiden.

Zweiter Teil

Dogmatische Ausformung

Fünftes Kapitel

Rechtmäßigkeitsvermutung und Rechtsbestimmung

Die bisherige Darstellung legt den Schluß nahe, daß jede einmal getroffene Rechtsentscheidung im Interesse notwendiger Formgebung und geistiger Kontinuität allein auf Grund des Umstandes, daß sie getroffen worden ist, schon eine „Vermutung für die Rechtmäßigkeit ihres Inhalts" besitzt[1]. Das hätte zur Folge, daß die nachfolgend erstrebte Abweichung von dem einmal Festgelegten an die erschwerte Voraussetzung der Widerlegung dieser Rechtmäßigkeitsvermutung gebunden wäre. Das wiederum würde bedeuten, daß die Rechtmäßigkeitsvermutung zu einem inhaltsbestimmenden Faktor des materiellen Rechts aufstiege. Und in diesem Sinn ist der Begriff auch gelegentlich von der Rechtsprechung verwendet[2] und in der Literatur vertreten worden[3].

Diese Ausprägung des Vermutungsbegriffes stößt jedoch auf verschiedene Bedenken, allen voran, daß damit das Problem der Inhaltsbestimmung des Rechts von einem Streben nach erreichbarer Präzision gelöst und durch einen „Kunstgriff"[4] oder „logische Kniffe"[5] auf das Gebiet unverbindlicher Mutmaßungen geschoben wird. Es ist ferner eingewandt worden, daß die Verwendung des Vermutungsbegriffes auf Normen statt auf Tatsachen unglücklich sei[6]. Dies ist damit begründet worden,

---

[1] Vgl. dazu M. *Kriele,* Theorie der Rechtsgewinnung, S. 268; Ders., Gesetzprüfende Vernunft, Der Staat, 1967, S. 54, 58.

[2] BVerfGE 1, 266 (282); 9, 338 (350); BVerfGE 1, 67 (69).

[3] W. *Jellinek,* Zweiseitiger Verwaltungsakt und Verwaltungsakt auf Unterwerfung, in: Festgabe für das Preußische OVG, S. 100 f.; P. *Schneider,* In dubio pro libertate, in: Hundert Jahre deutsches Rechtsleben, Bd. 2, S. 263 ff.; Ders., Prinzipien, VVDStRL Heft 20, S. 31 f.; weitere Nachweise im Folgenden.

[4] P. *Lerche,* Übermaß und Verfassungsrecht, S. 333.

[5] W. *Burckhardt,* Methode und Systematik des Rechts, S. 288.

[6] H. *Ehmke,* Prinzipien, VVDStRL Heft 20, S. 87; W. *Flume,* Steuerwesen und Rechtsordnung, in: Festschrift für R. Smend (1952), S. 82; E.-W. *Fuss,* Gleichheitssatz und Richtermacht, JZ 1959, S. 331 Note 28; Vorsichtiger auch

daß es sich bei der Vermutung um eine Beweis-[7] oder Beweislastregel[8] handele, schlechthin um ein prozessuales Institut[9], das zur materiellen Rechtsbestimmung ungeeignet sei.

Um diesen Bedenken nachzugehen und um einen weiteren Beitrag zu der von Leo Rosenberg beklagten „Sprachverwilderung und Begriffsverwirrung in der Lehre von der Vermutung"[10] zu vermeiden, ist es erforderlich, die Erscheinungsform und Verwendbarkeit des Begiffs der „Vermutung" in der Rechtsordnung zu analysieren.

1. Die Vermutung ist kein unbekannter Hilfsbegriff des Rechts. Ihre Erscheinungen werden im allgemeinen nach Tatsachen- und Rechtsvermutungen gegliedert[11], eine Unterscheidung, die sich nach dem Inhalt dessen richtet, was vermutet wird: Bei Tatsachenvermutungen ist es das Vorliegen eines rechtsfolgebedingenden Tatbestandsmerkmals[12], bei Rechtsvermutungen dagegen das Bestehen oder Nichtbestehen eines Rechts[13].

In diese beiden Gruppen läßt sich die Rechtmäßigkeitsvermutung *nicht* einordnen. Durch sie wird weder das Vorliegen von Tatbestandsmerkmalen noch das Bestehen oder Fehlen eines Rechtsverhältnisses, sondern ein Drittes, die Rechtmäßigkeit oder inhaltliche Richtigkeit einer getroffenen Entscheidung vermutet.

Die inhaltliche Abweichung der Rechtmäßigkeitsvermutung von den geläufigen Vermutungskategorien erlaubt jedoch noch nicht den Rückschluß auf die Berechtigung oder gar Notwendigkeit ihrer Verwendung, weil allein der Inhalt der Tatsachen- und Rechtsvermutung noch nichts über die Voraussetzungen dieser Vermutungen besagt.

a) Ein Ansatzpunkt zu dieser Analyse findet sich in Rosenbergs Begriffsbestimmung der Tatsachenvermutung, nach der diese die Tatbestandsmerkmale einer Rechtswirkung „aus einem tatbestandsfremden Umstand (sog. Vermutungsbasis)" erschließt[14]. Die Bestimmung orien-

---

P. Schneider, In dubio pro libertate, in: Hundert Jahre Deutsches Rechtsleben II, S. 270.

[7] *O. Bachof*, Die Rechtsprechung des Bundesverwaltungsgerichts, JZ 1957, S. 437; *H. J. Wolff*, Verwaltungsrecht I, S. 328.

[8] *L. Rosenberg*, Die Beweislast, S. 224; *P. Lerche*, Übermaß und Verfassungsrecht, S. 333; *D. Jesch*, Die Bindung des Zivilrichters an Verwaltungsakte, S. 55.

[9] *J. W. Hedemann*, Die Vermutung, S. 235.

[10] *L. Rosenberg*, Die Beweislast, S. 199.

[11] *L. Rosenberg*, Die Beweislast, S. 203, 226; *A. Blomeyer*, Zivilprozeßrecht, S. 334 f.; *J. W. Hedemann*, Die Vermutung, S. 271.

[12] *L. Rosenberg*, Die Beweislast, S. 203.

[13] *L. Rosenberg*, Die Beweislast, S. 226 f.

[14] *L. Rosenberg*, Die Beweislast, S. 203.

5. Kap.: Rechtmäßigkeitsvermutung und Rechtsbestimmung

tiert sich aber überwiegend an dem phänotypischen Erscheinungsbild. Sie erfaßt den Begriff der Vermutung nicht vollständig, soweit sie als deren Voraussetzung einzig auf die sogenannte „Vermutungsbasis" abstellt. Nicht jede Rechtsentscheidung wird auf Grund des Erschließens von Tatbestandsmerkmalen aus tatbestandsfremden Umständen, also auf Grund einer Vermutung gewonnen, denn soweit über ein Tatbestandsmerkmal *Gewißheit* besteht, fehlt der Raum für eine Vermutung. Deshalb ist es wichtig, als eine weitere einschränkende Voraussetzung für die Vermutung die *Ungewißheit* über Entscheidungskriterien (sog. Vermutungsmöglichkeit) einzuführen.

Diese weitere Voraussetzung verdeutlicht, daß die von Adolf Wach vertretene Ansicht — die Vermutung sei eine Schlußfolgerung aus unvollständigen Prämissen[15] — wenigstens mißverständlich ist[16]. Nicht das Fehlen der Prämissen, sondern das Fehlen der *Gewißheit* über ihr Vorhandensein oder Fehlen ist Vermutungsvoraussetzung.

Ein Beispiel: Für die gesetzliche Vermutung des § 1253 Abs. 2 BGB („Ist das Pfand im Besitz des Verpfänders oder Eigentümers, so wird vermutet, daß das Pfand von dem Pfandgläubiger zurückgegeben worden ist") ist nicht die unterbliebene Rückgabe der Pfandsache Vermutungsvoraussetzung, sondern lediglich die Ungewißheit über die Rückgabe. Und für die Vermutung „in dubio pro reo" ist nicht das Fehlen einer strafbaren Handlung, sondern die Ungewißheit über ihre Begehung Voraussetzung.

b) Schließlich bilden aber auch Vermutungsbasis und Vermutungsmöglichkeit noch nicht abschließend die Voraussetzungen, unter denen eine Vermutung im Recht Bedeutung gewinnt. Die regelmäßige Konsequenz mangelnder Gewißheit über die Entscheidungsvoraussetzungen ist nämlich das Aufklärungsbemühen und nicht die Vermutung. Ein Strafverfahren beginnt beispielsweise im Regelfall mit der Ungewißheit über die Begehung der vorgeworfenen Tat durch den Beschuldigten, ohne deshalb im Regelfall mit einem vermutungsweisen Freispruch zu enden. Das zeigt, daß eine Vermutung erst dann eingreifen kann, wenn das Aufklärungsbemühen erfolglos ist oder sich deshalb nicht lohnt, weil — wie beispielsweise im Falle der Vermutung des § 891 BGB — eine Abweichung von dem regel- und erfahrungsmäßigen Verlauf so unwahrscheinlich ist, daß dadurch im Regelfall weder die Mühe noch der Aufwand desjenigen gerechtfertigt wird, der mit der vollständigen Aufklärung belastet ist.

Vermutungen setzen also weitgehende Erfahrungen voraus, auf Grund derer aus Indiztatsachen, der Vermutungsbasis, das Normbild un-

---

[15] A. *Wach*, Handbuch des deutschen Civilprozeßrechts, Bd. 1 S. 127.
[16] Ganz ablehnend: L. *Rosenberg*, Die Beweislast, S. 210.

vollständig bekannter Prämissen so sicher bestimmt werden kann[17], daß der Nachteil dieser Pauschalierung im Regelfall geringer ist, als der, der durch die (teilweise unmögliche) Verpflichtung zu aktueller Aufklärung entstände.

c) Durch das Eingreifen der Vermutung wird die Entscheidung aber nicht zwangsläufig der besseren Erkenntnis der Entscheidungsvoraussetzungen entzogen. Im Regelfall[18] kann derjenige, der von der Unrichtigkeit einer auf Vermutungen beruhenden Entscheidung überzeugt ist, durch völlige Aufklärung der Entscheidungskriterien die Voraussetzung des Rückgriffs auf die Vermutung beseitigen und diese damit widerlegen. Soweit diese Aufklärung aber fehlt oder scheitert, behält die Vermutung ihre Gültigkeit. Den Nachteil der mangelnden Aufklärung trägt derjenige, der sich auf die Ausnahme eines Erfahrungszusammenhanges beruft. Und dies ist richtig so, weil die Ausnahme der Regel qualitativ nicht gleichwertig ist.

2. Vermutungen sind danach in den Fällen unentbehrliche Bestandteile der Rechtsordnung, in denen der Zwang zu einer Entscheidung mit der Ungewißheit über Entscheidungsvoraussetzungen oder -folgen kollidiert und diese Ungewißheit durch den Rückgriff auf einen erfahrungsgemäß steten Regelverlauf der Entscheidungskriterien, wenn nicht behoben, so doch gemindert werden kann.

Diese Begriffsbestimmung verdeutlicht, daß die klassische Domäne der Vermutung das Beweisrecht im Prozeßrecht ist, denn hier tritt das Spannungsverhältnis zwischen der Notwendigkeit einer die wesentlichen Faktoren berücksichtigenden Entscheidung und der begrenzten Möglichkeit zur Aufklärung aller erheblichen Tatsachen am sinnfälligsten in Erscheinung[19]. Deshalb ist es die Aufgabe der Beweislastordnung, Rechten, die erfahrungsgemäß im Regelfall begründet sind, auch bei Nachweisschwierigkeiten ihrer Voraussetzungen durch den Rückgriff auf die Vermutung und den Schluß vom Erwiesenen zum Wahrscheinlichen[20] Schutz zu gewähren[21]. Diese typische Verwendung der Vermutung als prozessuale Beweislastregel erlaubt jedoch nicht ohne weiteres den Rückschluß auf ihre Bedeutungslosigkeit für die nichtprozes-

---

[17] *F. Stein*, Das private Wissen des Richters, S. 47 f.; Ders., Grundriß des Zivilprozeßrechts, S. 29; a. A. *L. Rosenberg*, Die Beweislast, S. 210 f.

[18] Ausnahmen bilden die sog. „unwiderleglichen Vermutungen", die einer Korrektur im Interesse der Rechtssicherheit entzogen sind; vgl. *F. Stein*, Das private Wissen des Richters, S. 47 f.

[19] Vgl. *E. Engisch*, Die Idee der Konkretisierung, S. 285, zur Spannung zwischen Entscheidungsbedürftigkeit und Aufklärungsmöglichkeit im *Strafrecht*.

[20] *A. Blomeyer*, Zivilprozeßrecht, S. 345 f.

[21] *L. Rosenberg*, Die Beweislast, S. 208.

suale Rechtsbestimmung. Die dahin gehende Ansicht[22] wurzelt letztlich in der Überzeugung, daß Ungewißheit nur im Hinblick auf Tatsachen bestehen könne, daß sie außerhalb der Prozeßlage bei der ideellen, tatsachenunabhängigen Rechtsbestimmung theoretisch überhaupt nicht möglich ist, weil es hier nur *eine* richtige Bestimmung von Recht und Unrecht geben könne. Von diesem Standpunkt aus ist es deshalb konsequent, dem Begriff der Vermutung jede inhaltsbestimmende Kraft für die Rechtsfindung abzusprechen.

Wie allerdings oben dargestellt wurde, beruht jede Rechtsfindung im Grunde auf einer unterschiedlich deutlichen Ungewißheit über die Angemessenheit der zu treffenden Regelung, die letztlich nur durch „mehr oder weniger *willens*betonte Erkenntnisakte"[23] aufgelöst werden kann. Soweit aber Ungewißheit die latente Grundlage der Rechtsfindung ist, gewinnt damit auch die Vermutung die Berechtigung eines inhaltsbestimmenden Faktors. Und soweit die willensbetonten Erkenntnisakte autonome, nicht weiter ableitbare Bestandteile des Rechts sind[24], setzt die sie produzierende Entscheidung Recht, so daß ihr eine Vermutung der Rechtmäßigkeit zukommt, deren Widerlegung dort angezeigt ist, wo die willensbetonten Erkenntnisakte nicht autonom sind, weil sie mit nachweisbaren Gerechtigkeitsmaßstäben konkurrieren und diesen widersprechen.

Diese Widerlegungsmöglichkeit unterscheidet sich jedoch von den für Tatsachen- und Rechtsvermutungen gültigen Voraussetzungen dadurch, daß die Vermutung dort auf einer Ungewißheit über tatsächliche Vorgänge basiert, während es hier die Ungewißheit über die Qualität einer getroffenen Regelung ist, deren Richtigkeit oder Fehlerhaftigkeit sich mit weniger Sicherheit beweisen läßt als das Vorliegen oder Fehlen tatsächlicher Vorgänge. Weil sich die Richtigkeit einer Rechtsentscheidung nur als Approximalwert zu objektiven überindividuellen Maßstäben bestimmen läßt[25], kann auch der Gegen„beweis", die Widerlegung der Rechtmäßigkeitsvermutung, nur auf der Ebene höherer Wahrscheinlichkeit, nicht auf der objektiver Gewißheit geführt werden. Durch strengere Anforderungen an den Nachweis der Unrichtigkeit würde die Rechtmäßigkeitsvermutung unwiderleglich werden, was der Fixierung einmal ergangener Entscheidungen gleichkäme, zu einer leb-

---

[22] O. *Bachof*, Die Rechtsprechung des Bundesverwaltungsgerichts, JZ 1957, S. 437; D. *Jesch*, Die Bindung des Zivilrichters an Verwaltungsakte, S. 55; H. J. *Wolff*, Verwaltungsrecht I, S. 328; P. *Lerche*, Übermaß und Verfassungsrecht, S. 333; H. *Ehmke*, Prinzipien, in: VVDStRL, Heft 20, S. 87; W. *Burckhardt*, Methode und System des Rechts, S. 212, Note 85.
[23] H. *Heller*, Staatslehre, S. 266.
[24] Vgl. oben, 4. Kapitel, 2. Abschnitt S. 30—32.
[25] Vgl. oben, 4. Kapitel, 2. Abschnitt S. 30—32.

losen Statik des Rechts führte und seinen Inhalt ohne Kontrollmöglichkeit an die Bestimmung durch zuständige Instanzen auslieferte.

Im Prinzip steht damit die eine Vermutung der anderen in Form ihrer Widerlegungsmöglichkeit gegenüber. Und weil die Möglichkeit besserer Einsicht stets nur Wahrscheinlichkeit bleibt, darf die normbildende Kontinuität der ergangenen Entscheidung[26] im Interesse der Rechtssicherheit nur dann aufgegeben werden, wenn die Wahrscheinlichkeit einer angemesseneren Regelung an Bestimmtheit grenzt, wenn das Geplante das Vorgefundene bei weitem zu übertreffen scheint, wenn das Bestehende sich nicht mehr vertreten läßt[27].

Der damit gewonnene Maßstab ist zwar ungenau, aber nicht unbrauchbar, weil gerade der Zweifelsfall, das non liquet, inhaltsbestimmende Funktion gewinnt.

Eine weitere, schärfere Unterscheidungsmöglichkeit ergibt sich aber unabhängig von dem Wechsel der jeweiligen Problemkonstellation aus der oben dargestellten Verbindung zwischen der Qualität einer Entscheidung und dem Problemhorizont dessen, der die Entscheidung trifft. Danach ist die Vermutung der Rechtmäßigkeit trotz inhaltlicher Bedenken gegen die getroffene Entscheidung so lange bestimmend, bis die Zweifel von einer Instanz gehegt werden, die in der zu entscheidenden Frage generell ein weiter gespanntes Problembewußtsein besitzt als die entscheidende Instanz, oder bis sich erweist, daß die Entscheidung unter Voraussetzungen getroffen wurde, die den sicheren Schluß auf eine Begrenzung des Problemhorizonts zulassen.

Damit ist die Rechtmäßigkeitsvermutung einer Entscheidung also in den Fällen widerlegt, in denen die abweichende Meinung der kontrollierenden Instanz aus einem aktuell oder generell weiter gespannten Problemhorizont gebildet wurde oder in denen der Inhalt der getroffenen Entscheidung die Problematik außerhalb jeder Vertretbarkeit offensichtlich verfehlt.

---

[26] *H. Heller*, Staatslehre, S. 264 f.; *R. Zippelius*, Das Wesen des Rechts, S. 111.
[27] *R. Zippelius*, Das Wesen des Rechts, S. 112; *M. Kriele*, Theorie der Rechtsgewinnung, S. 268. Von hier aus erhellt sich das erkenntnistheoretisch unscharfe, der Rechtsbeurteilung aber geläufige Attribut „vertretbar".

Sechstes Kapitel

Die Rechtmäßigkeitsvermutung als Regelerscheinung der Rechtsentscheidung

Nach den vorangehenden Ausführungen ist die Rechtmäßigkeitsvermutung keine seltene Ausnahmeerscheinung des Rechts, sondern geradezu eine Regelform, die stets dort zu finden ist, wo immer eine Rechtsentscheidung getroffen werden muß[28]. Terminologisch mag dies ein Novum sein, der Sache nach ist es jedoch ein durchgängig wirksames Prinzip, das lediglich unterschiedlich entwickelt ist, soweit bisher eine Besinnung auf die gemeinsame Grundlage fehlte. Dies soll im Folgenden an zwei Beispielen verdeutlicht werden: Einmal an den korrespondierenden Instituten von Rechtskraft und Wiederaufnahme rechtskräftig abgeschlossener Verfahren, zum anderen an dem Spannungsverhältnis verwaltungsbehördlicher Entscheidungen zu den Grenzen ihrer Abänderung insbesondere bei richterlicher Überprüfung des Ermessensbereichs.

1. Das Prinzip der Rechtmäßigkeitsvermutung, das grundsätzlich in jeder rechtskraftfähigen Entscheidung wirkt, läßt sich bei der rechtskräftigen Entscheidung am differenziertesten darstellen. Die Rechtskraft einer Entscheidung ist nach diesem Prinzip die begrenzt *widerlegliche* Vermutung[29] für die Rechtmäßigkeit der getroffenen Entscheidung. Damit bestimmt die Entscheidung den Inhalt des strittigen Rechtsverhältnisses.

Die hier vertretene Ansicht ist jedoch von der sogenannten „materiellen Rechtskrafttheorie" zu unterscheiden, nach der das gerechte rechtskräftige Urteil die materielle Rechtslage bestärkt, während das ungerechte sie in seinem Sinn verändert[30]. Die dieser Theorie zugrundeliegende Unterscheidung zwischen der „wahren" und „unwahren"[31], der „richtigen" und „unrichtigen"[32] Rechtslage widerspricht der hier vertretenen Konzeption, nach der ein entscheidungsbedürftiger Problemzusammenhang vor der Entscheidung keine rechtlich ausgeprägte Kontur besitzt, die mit einer getroffenen Entscheidung übereinstimmen oder

---

[28] *C. Schmitt,* Über die drei Arten des rechtswissenschaftlichen Denkens, S. 10: „Ohne fortwährende, unvermeidliche und unentbehrliche, konkrete Vermutung gibt es weder eine rechtswissenschaftliche Theorie noch eine rechtswissenschaftliche Praxis."
[29] Vgl. *R. Pohle,* Über die Rechtskraft im Zivil- und Strafprozeß, Juristische Blätter 1957, S. 118, der allerdings eine *unwiderlegliche* Vermutung annimmt.
[30] *J. Kohler,* Der Prozeß als Rechtsverhältnis, S. 112; *M. Pagenstecher,* Zur Lehre von der materiellen Rechtskraft, S. 305; *G. Husserl,* Rechtskraft und Rechtsgeltung, S. 127; RGZ 71, 309 (311); 78 389 (395).
[31] *M. Pagenstecher,* Zur Lehre von der materiellen Rechtskraft, S. 304 f.
[32] RGZ 78, 389 (395).

differieren könnte, sondern erst durch die Entscheidung zu einer konkreten[33], differenzfähigen Rechtslage wird.

So verstanden ist der Begriff der Rechtskraft auch gegen die von Binder vertretene Auffassung abzugrenzen, nach der das Recht außerhalb *prozessualer* Gestaltung nur „prekäre Geltung"[34] besitze und erst durch die rechtskräftige Prozeßentscheidung Existenz gewinne. Diese auf der Identitätsvorstellung von Recht und Rechtsschutzordnung basierende These[35] ist eine unzulässige Verallgemeinerung der prozessualen Entscheidungssituation, weil Recht auch ohne prozessuale Bestimmung existieren *kann*. Binders Verständnis der Rechtskraft würde einer *unwiderleglichen* Rechtmäßigkeisvermutung entsprechen[36]. Für eine prinzipiell widerleglich verstandene Rechtmäßigkeitsvermutung konstituiert die rechtskräftige Entscheidung dagegen nicht die materielle Rechtslage, sondern ist lediglich eine Erscheinungsform der Rechtsentscheidung unter besonderen, nämlich parteistreitigen Voraussetzungen. Die Existenz außerprozessualen Rechts wird dadurch zwanglos erklärt. Und die Widerlegung der Vermutung erlaubt in den Grenzen der Wiederaufnahme des Verfahrens eine Korrektur der getroffenen Entscheidung ohne den vom Standpunkt Binders unumgänglichen Identitätsverlust des Rechts.

Die hier vertretene Konzeption widerspricht andererseits auch nicht den wesentlichen Ergebnissen der derzeit herrschenden „prozessualen Rechtskrafttheorie", die die Rechtskraft als Entscheidungsnorm versteht, keine von einer vorangehenden Entscheidung abweichende[37] oder überhaupt irgendeine zweite Entscheidung zu treffen[38]. Die in dieser Eingrenzung des Entscheidungsspielraums liegende Negation wird von der „Theorie der Rechtmäßigkeitsvermutung" lediglich um die korrespondierende *Position*, den notwendigen Geltungsgrund der Negation[39], *ergänzt*. Die Notwendigkeit dieser Position ist insoweit auch von Seiten der prozessualen Rechtskrafttheorie anerkannt, als man die Rechts-

---

[33] Vgl. W. *Sauer*, Zum Streit um die materielle Rechtskraft, in: Rich.-Schmidt-Festgabe I, S. 314.

[34] J. *Binder*, Prozeß und Recht, S. 314.

[35] J. *Binder*, Prozeß und Recht, S. 104 ff., 307.

[36] Deshalb ordnet A. *Blomeyer* (Zivilprozeßrecht, S. 442; Ders., Rechtskrafterstreckung, ZZP 75, S. 3) *Pohles* These von der *unwiderleglichen* Vermutung (Juristische Blätter 1957, S. 118) zutreffenderweise der materiellen Rechtskrafttheorie zu.

[37] F. *Stein* - M. *Jonas*, Zivilprozeßordnung, Anm. II 2 zu § 322.

[38] E. *Bötticher*, Kritische Beiträge zur Lehre von der materiellen Rechtskraft, S. 175, 220 ff.

[39] Dazu: W. *Sauer*, Zum Streit um die materielle Rechtskraft, in: Festgabe für Rich. Schmidt, S. 315.

6. Kap.: Die Rechtmäßigkeitsvermutung als Regelerscheinung

kraft als „Mittel" zu einem „*Erfolg*"[40] bezeichnet und auf den erhaltungsbedürftigen *Wert*[41] der ergangenen Entscheidung verweist. Zur theoretischen Erfassung der Position sieht man sich jedoch für den prozessualen Bereich offenbar deshalb nicht veranlaßt, weil allen praktischen Belangen dieser theoretischen Seite durch andere Prozeßinstitute, die der Rechtsmittel und Wiederaufnahme, entsprochen zu sein scheint. Soweit es allerdings wie hier darum geht, die „überprozessuale Aufgabe" und Erscheinungsform[42] der Rechtskraft zu analysieren, bedarf es einer Erweiterung der Grundlagen über die „technische Beschränkung"[43] auf den prozessualen Bereich.

Die Möglichkeiten, die Rechtmäßigkeitsvermutung einer rechtskräftigen Entscheidung zu *widerlegen*, entsprechen demnach den oben dargestellten Grundsätzen[44]: Weil eine Entscheidung nur dann in Rechtskraft erwachsen kann, wenn entweder die widerstreitenden Parteien keine Rechtsmittel einlegen oder das entscheidungsbedürftige Problem von einer seiner wirtschaftlichen und allgemeinen Bedeutung entsprechenden Anzahl richterlicher Instanzen[45] erörtert worden ist, bleibt die Wahrscheinlichkeit einer schlechthin unerträglichen, alle Vertretbarkeitszonen verlassenden Regelung so *gering*, daß die Widerlegung der Vermutung auf Grund inhaltlicher Mängel der getroffenen Regelung schlechthin ausgeschlossen werden kann, zumal es nach diesem Verfahren keine objektiven Anhaltspunkte dafür gibt, daß eine weitere richterliche Instanz eine sachgerechtere Entscheidung treffen kann. Dementsprechend ist die Widerlegungsmöglichkeit durch die gesetzlichen Wiederaufnahmegründen auch abschließend auf die Fälle beschränkt[46], in denen vom *erwiesenermaßen* begrenzten Problemhorizont des Entscheidenden auf die Fehlerhaftigkeit der Entscheidung geschlossen werden kann, wobei sich die Fallgruppen unterscheiden lassen, in denen der Grund der Horizontbegrenzung bei der Person des Entscheidenden liegt (vgl. §§ 579 Ziff. 1—3; 580 Ziff. 5 ZPO; §§ 359 Ziff. 3; 362 Ziff. 3 StPO) oder in denen die Blickverkürzung auf Umständen beruht, die außerhalb seiner Person liegen (vgl. §§ 579 Ziff. 4; 580 Ziff. 1—4, 6, 7 ZPO; §§ 359 Ziff. 1, 2, 4; 362 Ziff. 1, 2, 4 StPO).

---

[40] E. *Bötticher*, Kritische Beiträge zur Lehre von der materiellen Rechtskraft, S. 195.
[41] E. *Bötticher*, Kritische Beiträge zur Lehre von der materiellen Rechtskraft, S. 204.
[42] W. *Sax*, Das unrichtige Sachurteil als Zentralproblem der allgemeinen Prozeßlehre, ZZP 75, S. 21; R. *Pohle*, Über die Rechtskraft im Zivil- und Strafrecht, Juristische Blätter 1957, S. 114.
[43] G. *Husserl*, Rechtskraft und Rechtsgeltung, S. 15.
[44] Vgl. oben, 5. Kapitel, 2. Abschnitt.
[45] Vgl. §§ 23 Ziff. 1 GVG, §§ 511 a, 545, 546, 547 ZPO.
[46] Vgl. J. *Martens*, Rechtskraft und materielles Recht, ZZP 79, S. 420.

2. Eine weitere Erscheinungsform der Rechtmäßigkeitsvermutung läßt sich bei allen Entscheidungen des Verwaltungshandelns verfolgen.

Weil diese Handlungen prinzipiell einer Rechtsbindung unterliegen, geht ihnen notwendigerweise eine Rechtsbestimmung voraus, die sich als Beurteilung hypothetischer Handlungsmöglichkeiten grundsätzlich nicht von der vergangener Geschehensabläufe unterscheidet[47]. Dadurch lassen sich die oben gewonnenen rechtstheoretischen Einsichten auch auf den Bereich des Verwaltungshandelns übertragen. Die Rechtsbindung der Verwaltung bestimmt sich also nach der Bindungsfähigkeit des Rechts. Und weil der Rechtsordnung die deduzierbare Geschlossenheit eines axiomatischen Systems fehlt, sind die individualisierenden *Entscheidungen* eine Notwendigkeit des rechtsgebundenen Verwaltungshandelns, durch die es rechtlich konturiert wird und für die deshalb eine Vermutung der Rechtmäßigkeit spricht[48].

Die damit vertretene Ansicht steht allerdings in Gegensatz zum derzeit herrschenden Verständnis des Verwaltungshandelns, dessen Aufgabe vom Standpunkt einer undifferenzierten Rechtsanwendungsdoktrin darin gesehen wird, die in der Struktur der Rechtsordnung objektiv vorgesicherte[49], „eine und einzig richtige" Regelung unabhängig von der Person des Entscheidenden aus dem Rechtsbegriff herauszupräparieren[50] und in die Wirklichkeit umzusetzen. Eine autonome *Entscheidung* steht der Verwaltung nach dieser Auffassung nur in den von der Anwendung eines Rechtsbegriffs scharf zu trennenden Fällen[51] zu, in denen sie ausdrücklich zu einer Ermessensbetätigung gesetzlich ermächtigt worden ist[52].

---

[47] *H. Ehmke,* „Ermessen" und „unbestimmter Rechtsbegriff" im Verwaltungsrecht, S. 41 f.; *K. A. Bettermann,* Verwaltungsakt und Richterspruch, in: W.-Jellinek-Gedächtnisschrift, S. 365.

[48] *W. Jellinek,* Zweiseitiger Verwaltungsakt und Verwaltungsakt auf Unterwerfung, in: Festgabe für das Preußische Oberverwaltungsgericht, S. 100 f.; Ders., Verwaltungsrecht, S. 246; andeutungsweise *O. Mayer,* Verwaltungsrecht I, S. 95 f.; ablehnend das neuere Schrifttum: *O. Bachof,* Die Rechtsprechung des Bundesverwaltungsgerichts, JZ 1957, S. 437; *H. J. Wolff,* Verwaltungsrecht I, S. 328; *K. A. Bettermann,* Verwaltungsakt und Richterspruch. in: W.-Jellinek-Gedächtnisschrift, S. 379.

[49] *E. Forsthoff,* VVDStRL, Heft 17, S. 222.

[50] *O. Bachof,* Beurteilungsspielraum, Ermessen und unbestimmter Rechtsbegriff im Verwaltungsrecht, JZ 1955, S. 98 ff.; *E. Forsthoff,* Verwaltungsrecht, S. 76; *D. Jesch,* Unbestimmter Rechtsbegriff und Ermessen, AöR 82, S. 195; *H. Reuss,* Das Ermessen, DVBl 1953, S. 649; *K. A. Bettermann,* Verwaltungsakt und Richterspruch, in: W.-Jellinek-Gedächtnisschrift, S. 368; *J. Schmidt-Salzer,* Der Beurteilungsspielraum der Verwaltungsbehörden, S. 16.

[51] *K. Stern,* Ermessen und unzulässige Ermessensausübung, S. 19; *D. Jesch,* Unbestimmter Rechtsbegriff und Ermessen, AöR 82, S. 163.

[52] *O. Bachof,* Beurteilungsspielraum, JZ 1955, S. 102; Ders., Die verwaltungsgerichtliche Ermessenskontrolle, SJZ 1948, Sp. 743; *K. Stern,* Ermessen und unzulässige Ermessensausübung, S. 23, 21 f.

6. Kap.: Die Rechtmäßigkeitsvermutung als Regelerscheinung

Konsequent durchdacht bedeutet dies einerseits, daß der konkrete Gehalt eines Rechtsbegriffs durch eine „logische Operation" ermittelt wird[53], die ebenso von den Verwaltungsgerichten beherrscht wird, so daß die Rechtmäßigkeit einer behördlichen Entscheidung der uneingeschränkten Gerichtskontrolle zugängig ist[54], während andererseits die im Ermessensbereich getroffenen Entscheidungen einer gerichtlichen Beurteilung entzogen sind, weil sie in einem „Restraum subjektiven Dafürhaltens"[55] gebildet werden, in dem das Gericht nur sein Dafürhalten an die Stelle der behördlichen Auffassung setzen könnte[56].

Mit dieser Unterscheidung werden allerdings ganze Problemzusammenhänge einer erschöpfenden Erörterung entzogen, soweit sie als Ermessensbereiche etikettiert der administrativen Bestimmung überlassen bleiben. Und einer theoretisch überspannten Rechtsbindung entspricht die Maßstablosigkeit des Ermessensbereichs: Was der postulierten Bindungsstrenge nicht entspricht, wird rechtstheoretisch ignoriert und durch Verweis auf „außerrechtliche Maßstäbe"[57] in den „gesetzesfreien Raum" gedrängt, in dem eine „Gerechtigkeitsinterpretation nicht stattgefunden hat"[58].

Um diese Fremdkörper rechtsstaatlichen Denkens zu eliminieren und um die Lehre vom fehlerhaften Ermessen theoretisch zu fundieren, hat man es unternommen, die Ermessenshandlung an *objektiv* zu ermittelnde, der Rechtsordnung immanente Gerechtigkeitswerte[59] zu binden, das Ermessen als wählendes Verhalten im Rahmen einer Wertverwirklichung[60] zu verstehen und die Differenziertheit der Ermessensentscheidungen aus der Differenziertheit der Sachverhalte[61] zu erklären, um damit den Boden für eine Gesetzesbindung zu bereiten, nach der alle Ermessens-

---

[53] *E. Forsthoff*, Verwaltungsrecht, S. 81; *H. Reuss*, Der unbestimmte Rechtsbegriff, DVBl 1953, S. 651.

[54] *O. Bachof*, Beurteilungsspielraum, JZ 1955, S. 99; *K. Stern*, Ermessen und unzulässige Ermessensausübung, S. 19; *E. Eyermann - L. Fröhler*, Verwaltungsgerichtsordnung, Rdnr. 11 zu § 114; *H. Reuss*, Ermessen, DVBl 1953, S. 587.

[55] *R. Klein*, Ermessensbereich, AöR 82, S. 89.

[56] *K. Stern*, Ermessen und unzulässige Ermessensausübung, S. 21; *E. Eyermann - L. Fröhler*, Verwaltungsgerichtsordnung, Rdnr. 6 zu § 114; BVerwGE 4, 283 (284); 5, 50 (54); 8, 234 (238).

[57] *D. Jesch*, Unbestimmter Rechtsbegriff und Ermessen, AöR 82, S. 209.

[58] *R. Klein*, Ermessensbereich, AöR 82, S. 118.

[59] *K. Stern*, Ermessen und unzulässige Ermessensausübung, S. 16 f.

[60] *E. Forsthoff*, Verwaltungsrecht, S. 82.

[61] *K. A. Bettermann*, Rechtsgleichheit und Ermessen, Der Staat 1962, S. 84, 88; *O. Germann*, Problematik der Ermessensentscheide, in: Probleme und Methoden der Rechtsfindung, S. 351; *H. Reuss*, Der unbestimmte Rechtsbegriff, DVBl 1953, S. 651.

unterschiede aus dem Gleichheitssatz gerechtfertigt sind, nur *Gleiches* als gleich zu behandeln[62].

Allein, die aufgezeigten Schwierigkeiten werden dadurch nicht beseitigt. Die nunmehr aufgeworfene Frage nach dem, was rechtlich als gleich und ungleich anzusehen ist, läßt sich in dieser Allgemeinheit nur ebenso unvollkommen beantworten, wie die Frage nach dem, was gerecht und was ungerecht ist, so daß die Ermessensproblematik dadurch nicht geklärt, sondern nur verschoben ist. Andererseits läßt sich auch der Versuch, das Administrativermessen an objektiv zu ermittelnde Gerechtigkeitswerte zu binden, nicht mit der These harmonisieren, Ermessensbetätigung könne nicht auf Richtigkeit oder Unrichtigkeit nachgeprüft werden, sondern nur anders ausfallen[63], weil die Richtigkeit lediglich subjektiv gemessen werden kann[64].

Vom Standpunkt einer Rechtsanwendungsdoktrin ergeben sich aber nicht nur im Ermessensbereich, sondern insbesondere bei der Handhabung der voll auslegungsfähig verstandenen *Rechtsbegriffe* kaum zu überwindende Schwierigkeiten, denn die theoretisch eine und einzig richtige Entscheidung läßt sich praktisch nicht mit hinreichender Sicherheit bestimmen. Berechtigte Zweifel bleiben bei jeder Rechtsentscheidung in unterschiedlichem Maße. Und um trotz dieser Beobachtung vom Standpunkt der Rechtsanwendungsdoktrin die Geschlossenheit der These zu wahren, hat man das theoretische Postulat von der praktischen Anwendung getrennt: In thesi ist eine einwandfreie Bestimmung der einen und einzig richtigen Entscheidung möglich, in hypothesi kann sie an einer Unbestimmtheit scheitern[65], durch die die Begriffe ihre Subsumtionsfähigkeit verlieren. Daraus wird die Notwendigkeit abgeleitet, entweder einen Mittelsatz zu finden, der den unbestimmten Begriff mit den tatsächlichen Vorgängen verknüpft[66] oder den unbestimmten Begriff in alle durch ihn angesprochenen Tatsachenbegriffe aufzulösen[67]. Und dieser „Auflösung" oder „Verknüpfung" — so sagt man — sind praktische Grenzen gesetzt, die dazu zwingen, schon einen brauchbaren Grad an Wahrscheinlichkeit als Wahrheit gelten zu lassen[68] und der Verwaltungsbehörde einen „Beurteilungsspielraum" einzuräumen, der sich wohl

---

[62] *K. A. Bettermann*, Rechtsgleichheit und Ermessensfreiheit, Der Staat 1962, S. 84.

[63] *K. Stern*, Ermessen und unzulässige Ermessensausübung, S. 21.

[64] *R. Klein*, Ermessensbereich, AöR 82, S. 82, 91.

[65] *O. Bachof*, Beurteilungsspielraum, JZ 1955, S. 100.

[66] *C. H. Ule*, Zur Anwendung unbestimmter Rechtsbegriffe im Verwaltungsrecht, in: W.-Jellinek-Gedächtnisschrift, S. 319.

[67] *D. Jesch*, Unbestimmter Rechtsbegriff, AöR 82, S. 189, 194, 195; *R. Hoffmann*, Das Ermessen der Verwaltungsbehörden in Frankreich, S. 124.

[68] *H. Reuss*, Der unbestimmte Rechtsbegriff, DVBl 1953, S. 653.

6. Kap.: Die Rechtmäßigkeitsvermutung als Regelerscheinung

nicht auf die Beurteilung der Begriffe, aber doch auf die Frage erstreckt, ob die tatsächlichen Voraussetzungen der Begriffsanwendung gegeben sind[69].

Das Problem ist dadurch freilich nicht gelöst. Mit der Einführung des Beurteilungsspielraums wird die anfangs ausgeschlossene Möglichkeit einer rechtlich prägenden Entscheidungsfreiheit der Verwaltung „durch die Hintertür wieder eingelassen"[70], so daß es ein bedeutungsloses Postulat wird, theoretisch auf einer einzig richtigen Entscheidung zu beharren, praktisch aber mehrere Entscheidungsmöglichkeiten zuzulassen[71]. Es erscheint dies als eine Form der oben abgelehnten[72] Trennung der Sphären eines reinen Rechts von einer systemwidrigen Wirklichkeit. Weil das Recht als Geltungswert nicht um seiner Idealität, sondern um seiner Verwirklichung willen existiert[72], wird die These der einzig richtigen Entscheidung nicht durch den Versuch gestützt, den Entscheidungsspielraum in einem subrechtlichen Bereich des Tatsächlichen zu lokalisieren. Das zeigt sich praktisch an der Unsicherheit, mit der Rechts- von Ermessensbegriffen abgegrenzt werden, mit der Tatbestandselemente teils diesen, teils jenen zugeordnet werden[73] und mit der Auslegungsvermutungen in der einen oder anderen Richtung vertreten werden[74].

Das Ziel der hier vertretenen Kritik geht allerdings nicht dahin, die dargestellten Unterscheidungen zu entwerten und auf Abgrenzungsschwierigkeiten hinzuweisen, denen sich jede rechtswissenschaftliche Theorie und Praxis gegenübergestellt sieht. Es geht vielmehr darum, den Standort der Problematik verwaltungsbehördlicher Rechtsbindung und korrespondierender Gerichtsunterworfenheit[75] entsprechend den hier konzipierten rechtstheoretischen Ergebnissen neu zu bestimmen, die Diskussion an die tragenden Problemzusammenhänge zu binden und

---

[69] *O. Bachof*, Beurteilungsspielraum, JZ 1955, S. 99, 101.

[70] *R. Klein*, Ermessensbereich, AöR 82, S. 106.

[71] Vgl. *I. Kant*, Über den Gemeinspruch: Das mag in der Theorie richtig sein, taugt aber nicht für die Praxis, Ausgabe Karl Vorländer, S. 69 f.; ferner speziell für die Ermessenspraxis: *J. Schmidt-Salzer*, Die normstrukturelle und dogmatische Bedeutung der Ermessensermächtigung, VerwArch 60, S. 275.

[72] Vgl. oben 3. Kapitel, 1. Abschnitt.

[73] *K. Stern*, Ermessen und unzulässige Ermessensausübung, S. 20; *J. Schmidt-Salzer*, Der Beurteilungsspielraum der Verwaltungsbehörden, S. 20—27 mit zahlreichen Nachweisen aus der Rechtsprechung.

[74] *H. Peters*, Lehrbuch der Verwaltung, S. 10; *F. Tezner*, Das freie Ermessen, S. 160; *K. A. Bettermann*, Der Schutz der Grundrechte in der ordentlichen Gerichtsbarkeit, in: Die Grundrechte III, 2, S. 798; *O. Bachof*, Beurteilungsspielraum, JZ 1955, S. 100; *W. Jellinek*, Verwaltungsrecht, S. 34; *R. Hoffmann*, Das Ermessen der Verwaltungsbehörden in Frankreich, S. 124, Die französische Verwaltungsrechtspraxis referierend.

[75] Dazu: *H. Reuss*, Gerichtsfreie und gerichtsunterworfene Verwaltung, in: H.-Peters-Gedächtnisschrift, S. 751.

von der Belastung zu befreien, die Problematik kryptowissenschaftlich zu erschließen und nebenher in der Problemperipherie, einem erstaunlich begriffsjuristischen Reservat, zu argumentieren, wo aus der Qualifikation der *Begriffe* auf eine Kontroll- oder Entscheidungszuständigkeit geschlossen wird[76] oder die Lösung des Ermessensproblems in den undurchsichtigen Bereich des „richterlichen Takts"[77] abgeschoben wird.

Weil das staatliche Handeln sich wie die menschliche Existenz überhaupt einer abschließenden Normierung entzieht[78], läßt sich die Rechtsbindung dieses Handelns nicht allein mit der Ableitung präexistenter Handlungsmaximen erklären. Aus diesem Grund schließt die Bindung die stete Notwendigkeit einer konkreten, normativ nicht vorgezeichneten Entscheidung ein[79], deren inhaltliche Freiheit sich nach der rechtsnormativen Ausformung des Problems und nicht nach der Struktur der gesetzlich verwendeten Begriffe richtet. Ganz ausschalten läßt sich diese Entscheidungsfreiheit bei keiner Verwaltungsentscheidung[80], und am deutlichsten zeigt sie sich bei der Ermessensentscheidung, oder wie Ehmke es formuliert hat: „Das Ermessen ist nicht ein defizienter Modus der Gesetzanwendung, sondern gehört zum Wesen der Verwaltung"[81]. Die administrative Entscheidung konstituiert die Rechtslage des lösungsbedürftigen Problemzusammenhangs insoweit originär, als sie ohne Orientierungsmöglichkeit an vorgezeichneten Rechtsmaßstäben getroffen wird. Und aus diesem Grund besitzt sie generell die Vermutung der Rechtmäßigkeit, was bei der Ermessensentscheidung besonders hervortritt, so daß ihre Änderung durch einen Richterspruch den Regeln der Widerlegung der Rechtmäßigkeitsvermutung unterliegt.

Das bedeutet, daß die verwaltungsbehördliche Entscheidung so lange Rechtsgeltung besitzt, bis sie einer gerichtlichen Beurteilung wider-

---

[76] Als Beispiel: BVerfG, JZ 1957, S. 167 (169): „Der Begriff ‚sonstige erhebliche Belange' ist..., ein unbestimmter Rechtsbegriff mit der Folge, daß die Frage, ob ein bestimmter Lebenssachverhalt unter diesen Begriff subsumiert werden kann, von den Verwaltungsgerichten in vollem Umfang nachzuprüfen ist"; oder: BVerwGE 23, 280 (283); 24, 15 (23); in dem hier vertretenen Sinne andeutungsweise BVerwGE 26, 65 (75). Ablehnend auch: *P. Lerche*, Übermaß und Verfassungsrecht, S. 326; *D. Jesch*, Unbestimmter Rechtsbegriff, AöR 82, S. 212; *H. Ehmke*, „Ermessen", S. 39, 45.

[77] *J. Schmidt-Salzer*, Der Beurteilungsspielraum der Verwaltungsbehörden, S. 76.

[78] Vgl. oben, 4. Kapitel, 1. Abschnitt; *K. Stern*, Ermessen und unzulässige Ermessensausübung, S. 22; *W. Kägi*, Die Verfassung, S. 135.

[79] So auch *O. Bachof*, Ermessen im Sprachgebrauch, JZ 1956, S. 591.

[80] Vgl. oben, 4. Kapitel.

[81] *H. Ehmke*, „Ermessen" und „unbestimmter Rechtsbegriff", S. 45; vgl. ferner *F. Ossenbühl*, Tendenzen und Gefahren der neueren Ermessenslehre, DÖV 1968, S. 626, Charakter des Verwaltungsermessens als ein spezifischer Modus der Rechtsverwirklichung, mit Verweis auf *R. Bäumlin*, Staat, Recht und Geschichte, S. 35 f.

6. Kap.: Die Rechtmäßigkeitsvermutung als Regelerscheinung

spricht, die sich an einem vergleichsweise weiteren, spezifisch rechtlichen Problemhorizont gebildet hat. Im Regelfall wird dies dann der Fall sein, wenn die „interessierte Behörde"[82] in einer verwaltungspolitischen Zielsetzung so befangen ist, daß ihr die volle rechtliche Tragweite des Einzelproblems verschlosen bleibt, oder wenn ihre Entscheidung an *offenkundig* unsachlichen Kriterien ausgerichtet ist[83]. Andererseits ist es trotz des historisch bedingten Mißtrauens gegen die Verwaltung und der damit provozierten „Entfesselung der Dritten Gewalt"[84] erforderlich, festzustellen, daß die Verwaltungsbehörde bei ihrer Entscheidung auf einen durch Amtserfahrung gebildeten Sachverstand zurückgreifen kann[85] und deshalb sachlich differenzierte Probleme im Regelfall zentraler erfaßt als die institutionell anders orientierte Judikative[86]. Dieser Unterschied läßt sich auch nicht durch die Einbeziehung von Sachverständigen nivellieren[87], weil ihre Hilfe durch das richterliche Problemverständnis begrenzt und gesteuert wird und auch nur auf die Ermittlung von Wahrscheinlichkeitsgraden beschränkt ist[88], so daß stets ein Restraum eigenverantwortlicher Entscheidung verbleibt.

Weil sich die verantwortliche Rechtsentscheidung damit letztlich nie auf fertige Sachzusammenhänge reduzieren läßt[89], lassen sich auch die Grenzen zwischen beiden Entscheidungsinstanzen, den Verwaltungsbehörden und den Gerichten, nicht allgemeingültig festlegen. Um jedoch in dem Zwischenbereich unscharfer Konturen einerseits das staatliche Handeln nicht durch „gerichtliche Doppelverwaltung" zu hemmen und die Gerichte andererseits nicht mit verwaltungstechnischen Aufgaben zu überfordern, ist es erforderlich, das Problem der rechtsunterworfenen Verwaltung auf das Prinzip der widerleglichen Rechtmäßigkeitsvermutung zurückzuführen.

Damit sind die theoretischen Grundlagen gelegt, aus denen die Gerichte verpflichtet werden können, vertretbare Verwaltungsentschei-

---

[82] *H. Reuss*, Das Ermessen, DVBl 1953, S. 589.

[83] Dazu die Lehre von den Ermessensfehlern.

[84] *K. Stern*, Ermessen und unzulässige Ermessensausübung S. 11; *W. Weber*, Das Richtertum, in: Niedermeyer-Festschrift, S. 264.

[85] *H. Peters*, Die Verwaltung als eigenständige Staatsgewalt, S. 5, 17, 19, 21; *K. Stern*, Ermessen und unzulässige Ermessensausübung, S. 11; *O. Bachof*, Beurteilungsspielraum, JZ 1955, S. 100; *H. J. Wolff*, Verwaltungsrecht, I, S. 167; für das amerikanische Recht: *R. A. Riegert*, Das amerikanische Administrativ Law, S. 134 f.

[86] *H. Peters*, Die Verwaltung als eigenständige Staatsgewalt, S. 22 f.; BVerwGE 5, 50 (54); a. A. *J. Schmidt-Salzer*, Die normstrukturelle und dogmatische Bedeutung der Ermessensermächtigung, VerwArch 60, S. 270.

[87] BVerwGE 8, 272 (274); anders: BVerfGE 7, 377 (412).

[88] *O. Bachof*, Beurteilungsspielraum, JZ 1955, S. 100.

[89] Vgl. oben, 4. Kapitel, 2. Abschnitt.

dungen zu tolerieren[90], ohne die Verwaltung dem Edukationseffekt einer möglichen Gerichtskontrolle zu entziehen.

---

[90] *H. Ehmke,* „Ermessen" und „unbestimmter Rechtsbegriff", S. 47; *C. H. Ule,* Zur Anwendung unbestimmter Rechtsbegriffe, in: W.-Jellinek-Gedächtnisschrift, S. 326; *F. Tezner,* Das freie Ermessen, S. 160.

Dritter Teil

Verfassungsrechtliche Anwendung

Siebentes Kapitel

Die Rechtssatzstruktur der Verfassungsnormen

1. Gerade im verfassungsrechtlichen Denken haben sich die oben entwickelten theoretischen Einsichten in die Struktur von Recht und Rechtssatz so zögernd durchgesetzt, daß schließlich mit gewisser Berechtigung von einem Übergang der methodologischen Führung vom öffentlichen Recht auf die Zivilistik gesprochen worden ist. Dieses Zögern ist allerdings aus dem Bestreben erklärlich, gerade im Bereich des Verfassungsrechts die machtbegrenzende Festigkeit und Statik des Rechtssatzes zu betonen[1], um eine Preisgabe des Verfassungsgehalts an die politischen Gewalten zu verhindern[2] und durch das Beharren auf syllogistischer Rechtsfindung[3] Einbruchstellen mißbräuchlichen Machtstrebens aus dem System des Rechts zu verbannen. So bemerkenswert das Ziel ist, so unbrauchbar sind die Mittel seiner Verwirklichung, die man als „lebensfernen Überrest aus der Zeit des Kodifikationsoptimismus"[4] bezeichnet hat: Nicht das Postulat vollständiger Berechenbarkeit des Rechts, sondern die Präzisierung der verfügbaren Möglichkeiten zur Verwirklichung dieses Ziels gewährleisten jenes erstrebte Maximum an Normativität. Vollständige Normativität bleibt aber in jedem Fall eine Funktion reiner Normalität[5], die gerade dem verfassungsrechtlichen Substrat, der inhomogenen Vielfalt des staatlichen Lebens, fehlt.

Die „Dynamik der politischen und staatlichen Wirklichkeit"[6] bleibt in dieser Form auch denen nicht verborgen, die die Festigkeit und Sta-

---

[1] W. *Kägi*, Die Verfassung als rechtliche Grundordnung des Staates, S. 55.
[2] W. *Kägi*, Die Verfassung als rechtliche Grundordnung des Staates, S. 121.
[3] E. *Forsthoff*, Die Umbildung des Verfassungsgesetzes, in: C.-Schmitt-Festschrift (1959), S. 41.
[4] M. *Kriele*, Theorie der Rechtsgewinnung, S. 63.
[5] Vgl. oben, 4. Kapitel, 2. Abschnitt; C. *Schmitt*, Politische Theologie, S. 13; Ders., Über die drei Arten rechtswissenschaftlichen Denkens; M. *Drath*, Die Grenzen der Verfassungsgerichtsbarkeit, VVDStRL Heft 9, S. 91.
[6] H. *Ehmke*, Prinzipien, VVDStRL Heft 20, S. 65.

tik der Verfassung glauben betonen zu müssen[7]. So hat Kägi zutreffend eingeräumt, „die Form an sich ist noch keine Gewähr für den Inhalt, sie kann auch der Perpetuierung eines ungerechten status quo dienen"[8]. Und als „saubere rechtliche Lösung" dieses Problems hat er die förmliche Revision des Verfassungsrechts vorgeschlagen[9], sich aber damit den gleichen Bedenken ausgesetzt, die oben in Auseinandersetzung mit der materiellen Rechtskrafttheorie entwickelt worden sind[10]: Revisibel erscheint nur eine Rechtform, die unabhängig von den ihr unterworfenen Problemzusammenhängen existiert und diesen vorgegeben ist[11]. Nach der hier vertretenen Konzeption konstituiert sich das Recht aber erst aus der konkreten Problemlage, ist davon gelöst keine abstrakte, der Revision zugängliche Größe, sondern lediglich eine Reihe von Bezugspunkten unterschiedlicher Dichte.

Der Verfassungsrechtssatz kann nicht allein als Erstarrung tradierter Problemlösungen verstanden werden[12], weil dem staatlichen Leben die dafür erforderliche Regelhaftigkeit fehlt. Da es Aufgabe des Rechts ist, die vorgefundenen Lebens- und Freiheitsbereiche miteinander zu harmonisieren[13] und gegeneinander abzugrenzen[14], kann auch das Verfassungsrecht nicht allein die Reproduktion *tradierter* Ordnungsschemata sein, sondern ist darauf angewiesen, die geschichtliche und politische Wirklichkeit aufzunehmen[15] und stets neu in ein richtiges Verhältnis zueinander zu bringen[16]. Und diese Ordnungsaufgabe kann sich nicht in der Rezeption vorgefundener Schablonen erschöpfen, weil der zu ordnende Stoff, die Wirklichkeit des menschlichen Lebens, sich in ständigem Wandel befindet[17]. Aus diesem Grund ist es unmöglich, die Verfassungsnormen problemunabhängig aus sich selbst zu verstehen[18]; ihr korrelativer Bezug zur Wirklichkeit erklärt vielmehr die Tatsache, daß

---

[7] W. *Kägi*, Die Verfassung als rechtliche Grundordnung des Staates, S. 29, 70.
[8] W. *Kägi*, Die Verfassung als rechtliche Grundordnung, S. 38.
[9] W. *Kägi*, Die Verfassung als rechtliche Grundordnung, S. 90.
[10] Vgl. oben, 6. Kapitel, 1. Abschnitt.
[11] Vgl. dazu H. *Ehmke*, Prinzipien, VVDStRL Heft 20, S. 55.
[12] P. *Häberle*, Wesensgehaltgarantie, S. 214.
[13] R. *Smend*, Verfassung und Verfassungsrecht, S. 62.
[14] R. *Zippelius*, Wertungsprobleme, S. 22.
[15] R. *Bäumlin*, Staat, Recht und Geschichte, S. 26 37; K. *Hesse*, Die normative Kraft der Verfassung, S. 16; J. *Esser*, Grundsatz und Norm, S. 254; F. *Müller*, Normstruktur und Normativität, S. 60, 194.
[16] E. *Kaufmann*, Das Wesen des Völkerrechts, S. 130.
[17] D. *Schindler*, Verfassungsrecht und soziale Struktur, S. 58; K. *Hesse*, Die normative Kraft der Verfassung, S. 15, 13; R. *Smend*, Verfassung und Verfassungsrecht, S. 5 16 f.; P. *Häberle*, Wesensgehaltgarantie, S. 111.
[18] M. *Kriele*, Theorie der Rechtsgewinnung, S. 160.

7. Kap.: Die Rechtssatzstruktur der Verfassungsnormen

Normen trotz unveränderten Wortlautes einen völligen Bedeutungswandel erfahren können[19].

Und weil sich das Recht auch nicht allein als „Epiphänomen" von Tatsachenzusammenhängen erklären läßt[20], sondern auch geistige Wertgesichtspunkte umfaßt, nach denen die vorgefundenen Erscheinungen gegeneinander abgegrenzt und miteinander harmonisiert werden, ist der Inhalt der Verfassungsnormen auch durch den Wechsel der „Idealfaktoren", den Vorzugs- und Wertungstendenzen einer geschichtlichen Kulturauffassung bestimmt[21].

Die beachtenswerte Konstanz mancher Werttendenzen mag in reiner Idealität als unveränderlich fester Bezugspunkt erscheinen; soweit der Wert jedoch aus seiner Idealität hinab in die Mischung juristisch entscheidungsbedürftiger Problemzusammenhänge eintaucht, verliert er seine Prägnanz und ist den stets wechselnden Zeittendenzen aller Kulturerscheinungen unterworfen. Aus diesem Grund ist es verfehlt, im Bereich des Verfassungsrechts auf einem normativen Grad von Berechenbarkeit und Statik der Grundlagen zu beharren, der in der ganzen Rechtsordnung theoretisch illusorisch ist, weil sich das wechselnde Substrat in einem Wandel befindet, der vom normativen Standpunkt aus als permanente *Ausnahme* erscheinen muß und deshalb nicht durch schematische Verfassungsartikel für die Zukunft erfaßt werden kann[22]. Es bleibt auch im verfassungsrechtlichen Denken stets ein Bereich, in dem das juristische Argument rechtspolitische Struktur besitzt[23].

Das bedeutet, daß auch im Verfassungsrecht ein vorgegebener Maßstab fehlt, der es dem Suchenden ermöglicht, die konkrete Rechtslage unabhängig von seiner Person, allein nach objektiv gleichbleibenden Kriterien zu bestimmen. Dies gilt ebenso für den Gesetzgeber, der im Rahmen der Verfassung eine Regelung zu treffen hat, wie für das Verfassungsgericht, das die getroffene Regelung zu überprüfen hat, und auch für denjenigen, dem sich die Aufgabe stellt, seine verfassungsmäßigen Rechte gegen Übergriffe der öffentlichen Gewalt zu wahren.

---

[19] Vgl. dazu: BVerfGE 12, 341 (353); vgl. ebenfalls die Argumentation W. *Webers*, Zur Gültigkeit des Preisgesetzes, DÖV 1957, S. 34 f.: Der *lange* fehlerlose *Bestand* eines Gesetzes spricht gegen theoretisch konzipierte Bedenken für dessen Verfassungsmäßigkeit.

[20] W. *Kägi*, Die Verfassung als rechtliche Grundordnung des Staates, S. 76.

[21] R. *Smend*, Verfassung und Verfassungsrecht, S. 16 f.; D. *Schindler*, Verfassungsrecht und soziale Struktur, S. 58; K. *Hesse*, Die normative Kraft der Verfassung, S. 13.

[22] R. *Smend*, Verfassung und Verfassungsrecht, S. 78; E. *Kaufmann*, Grenzen der Verfassungsgerichtsbarkeit, VVDStRL Heft 9, S. 12; Vgl. auch: H. *Krüger*, Verfassungswandlung, in: R.-Smend-Festgabe (1962), S. 155; F. *Müller*, Normstruktur und Normativität, S. 193.

[23] M. *Kriele*, Theorie der Rechtsgewinnung, S. 56.

Sie alle sind schließlich darauf angewiesen, die soziale Belastung der zu treffenden oder getroffenen Regelung unmittelbar oder in ihrer Vorstellung auf sich wirken zu lassen und mit einer als zumutbar empfundenen sozialen Opfergrenze zu vergleichen. Dabei besteht wohl die Möglichkeit, die eigene Wertung an sachlichen Gesichtspunkten zu disziplinieren und durch die Einführung neutraler Aspekte zu rationalisieren[24]. Vollständige Rationalität bleibt jedoch deshalb unerreichbar, weil die Fülle unübersehbarer und verborgener Gesichtspunkte keinen anderen *objektiven* Maßstab ermöglicht als die *spätere* Bewährung der getroffenen Entscheidung[25]. So bleibt auch im Verfassungsrecht jener Restbereich an Ungewißheit, in dem das rationale Argument seine Griffigkeit verliert und die Lösung des Problems der Dezision überlassen bleibt[26].

Jede gesetzliche Regelung muß in diesem Restbereich des rationalen „Non-liquet" entschieden werden. Hier wurzelt deshalb auch das Problem ihrer verfassungsgerichtlichen Kontrolle: Eine gesetzliche Regelung kann in der Tat den herrschenden Gerechtigkeitsvorstellungen in einem solchen Maße widersprechen, daß es gut ist, mit der Verfassungsgerichtsbarkeit eine Möglichkeit zu besitzen, das bessere Argument gegen das schlechtere durchzusetzen. Die Differenz der Argumente kann aber auch in jenem rational nicht mehr zugänglichen Bereich reiner Dezision wurzeln, in dem eine verfassungs*richterliche* Gerechtigkeitsinterpretation zwar anders, aber nicht besser ausfallen kann als die gesetzliche, so daß die Kontinuität der einmal getroffenen Entscheidung als Gerechtigkeitsfaktor von eigenem Gewicht den Bestand der *gesetzlichen* Regelung stützt. Soweit die verfassungsgerichtliche Entscheidung einer vorhandenen gesetzlichen Regelung widerspricht, bedarf sie deshalb der besonderen Legitimierung durch das bessere Argument. Das bedeutet, daß die Ungewißheit über die Qualität der Argumente in dem rational nicht zugänglichen Bereich reiner Dezision zu Lasten der verfassungs*gerichtlichen* Argumentation gehen muß und daß diese ihre pauschale Legitimierung aus der Idee eines richterlichen Syllogismus verliert.

2. Um trotz dieser Erkenntnis eine allumfassende, qualitativ ungebundene Entscheidungszuständigkeit des Verfassungsgerichts zu halten, hat man versucht, die Verfassungsgerichtsbarkeit als politisch-legislative Institution zu verstehen[27] und ihr so einen Bereich eigenverantwortlicher

---

[24] Vgl. oben, 4. Kapitel, 1. Abschnitt.

[25] Vgl. dazu: *R. Smend*, Verfassung und Verfassungsrecht, S. 146; *W. Henke*, Sozialtechnologie und Rechtswissenschaft, Der Staat 1969, S. 8.

[26] Vgl. dazu oben, 4. Kapitel, 2. Abschnitt.

[27] *H. Krüger*, Allgemeine Staatslehre, S. 703 ff., 709; Ders., Verfassungswandlung, in: R.-Smend-Festgabe (1962), S. 157 f.; *M. Drath*, Grenzen der Verfassungsgerichtsbarkeit, VVDStRL Heft 9, S. 94, 96

Entscheidungskompetenz einzuräumen, der in dem herkömmlich verstandenen Aufgabenkreis der Judikative keinen Platz findet.

Die Etablierung einer weiteren gesetzgebungsähnlichen Instanz ist jedoch nur eine dezisionistische Spielart, die für die sachliche Problematik deshalb unfruchtbar bleiben muß, weil sie verkennt, daß auch dem Gesetzgeber wie jeder anderen gesetzgebungsähnlichen Instanz das sachliche Problem vorgegeben ist[28], das nicht allein durch Entscheidung schlechthin befriedigend gelöst werden kann. Nicht ein Maximum an Entscheidung, sondern ein Optimum an Kontrolle ist der Sinn der Verfassungsgerichtsbarkeit[29]. Und die Posteriorität der verfassungsgerichtlichen Entscheidung allein bürgt noch nicht für deren Qualität.

Allerdings hat man angeführt, der verfassungsgerichtliche Spruch besitze gegenüber der gesetzgeberischen Entscheidung deshalb größere Chancen, sachgerechter auszufallen, weil das Gericht in Muße arbeiten könne[30], unabhängig vom politischen Tageskampf, an die Tugend gewöhnt, auch die andere Seite zu Wort und Argument kommen zu lassen[30].

Muße allein ist aber für die Rechtsfindung keine Qualitätsgarantie, weil die Rechtsgewinnung in dem Bereich rational nur begrenzt auflösbarer Argumente nicht ein Problem von Zeit und Arbeitskraft ist, sondern durch die Weite des Problemhorizonts des Urteilenden bestimmt wird[31]. Aus demselben Grund ist auch das „audiatur et altera pars" keine unverbrüchliche Sicherung der qualitativ besten Entscheidung, denn mit der Quantität und Streuung der Argumente wächst nicht nur die Chance, verborgene, aber entscheidungswichtige Gesichtspunkte zu finden, sondern auch die Wahrscheinlichkeit, verführerischen Fehlargumenten der Parteien zu erliegen, durch welche die Problemstrukturen mehr verwischt als erhellt werden können. Der Wert einer Argumentation ist deshalb für den Urteilenden durch seine Möglichkeit begrenzt, die Qualität der vorgebrachten Argumente unterscheiden zu können. Die Präzision des dafür erforderlichen Maßstabes verliert sich aber bei neuen und unbekannten Problemen in demselben Maße, in dem der Urteilende auf die Anregung durch differenzierte Argumente angewiesen wäre. Das zeigt den nicht unbedeutenden aber durchaus begrenzten Wert parteilicher Argumente für die richterliche Rechtsfindung.

---

[28] H. *Ehmke*, Prinzipien, VVDStRL Heft 20, S. 57; *Ch. Graf von Krockow*, Die Entscheidung, S. 61.
[29] So für die verwaltungsgerichtliche Kontrolle: H. *Ehmke*, „Ermessen" und „unbestimmter Rechtsbegriff", S. 47.
[30] *M. Kriele*, Der Supreme Court, Der Staat 1965, S. 213 mit Hinweis auf: *A. M. Bickel*, The Last Dangerous Branch. The Supreme Court at the bar of Politicis, Indianapolis and New York 1962.
[31] Vgl. oben, 4. Kapitel, 1. Abschnitt.

Richterliche Muße allein und die Fairness, beide Parteien zu Wort kommen zu lassen, können deshalb wohl im Einzelfall die Möglichkeit einer gerechteren Entscheidung bieten, sind darüber hinaus aber kein tragendes Argument, die gerichtsförmige Entscheidung generell einer parlamentarischen Entscheidung vorzuziehen. Das zeigen alle jene Entscheidungen des Supreme Court der Vereinigten Staaten, die sich aus einer historischen Distanz, die zur deutschen Verfassungsrechtsprechung noch fehlt, als sichere Fehlurteile erwiesen haben.

So hat der Gerichtshof im Dred-Scott-Fall[32] beide Parteien auch gerichtsförmig gehört und dennoch festgestellt, daß eine Regelung, die dem Bürger beim Grenzübertritt in ein freies Territorium das Eigentum an seinen mitgeführten Sklaven nahm, ungültig sei, weil sie sein verfassungsmäßig garantiertes Recht auf Eigentum verletze. Andererseits konnte auch die *Muße* den Supreme Court seinerseits nicht dazu bringen, von seiner reaktionären Sozialphilosophie abzurücken, eine progessive Einkommensteuer zu billigen[33] oder seinen hartnäckigen Kampf gegen Präsident Roosevelts fortschrittliche Sozialgesetzgebung („New Deal") aufzugeben.

Da jedoch in jeder geschichtlichen Epoche Ansichten und Ideen vertreten werden, die vom Standpunkt späterer Zeiten als historischer Irrtum erscheinen, liegt die Problematik der angeführten und ähnlicher verfassungsrechtlicher Urteile weniger in ihrem verfehlten Inhalt als in dem Umstand, daß sie von einem richterlichen Spruchkörper gefällt wurden, der nicht im Zentrum der staatlichen Willensbildung stehen konnte, weil er politisch nicht unmittelbar verantwortlich war. So scheiterte auch Präsident Roosevelts Versuch, aus dem politischen Wirken des Supreme Court politische Konsequenzen zu ziehen, bereits im Justizausschuß des amerikanischen Senats (Court Packing Bill 1937), als er daran ging, durch Erhöhung der Anzahl der Supreme-Court-Richter deren Gerontokratie zu brechen und so einen den Zeitströmungen aufgeschlosseneren Gerichtshof zu bilden[34].

Vor dem Hintergrund so umstrittener Urteile und angesichts des Fehlens jeder direkten Einflußmöglichkeit auf die Entschließung des Gerichtshofs hat sich deshalb in den Vereinigten Staaten die Lehre vom „judicial self-restraint"[35] gebildet und durchgesetzt. Danach erfordern die

---

[32] Dred Scott v. John F. A. Sandford, 19 Howard 393—633, (1857).
[33] Charles Pollok v. The Farmers' Loan & Trust Company, 158 US 601—715, (1895).
[34] Dazu: *K. Loewenstein*, Verfassungsrecht und Verfassungspraxis in den Vereinigten Staaten, S. 416 f.; *E. Fraenkel*, Das amerikanische Regierungssystem, S. 189 f.
[35] Nach Justice Stone (dissenting), in: United States v. Butler, 297 US 1 (79), (1936).

7. Kap.: Die Rechtssatzstruktur der Verfassungsnormen

Probleme auf Verfassungsebene im Regelfall weitgehend politische Wertungen, die einer juristischen Argumentation nicht mehr zugänglich sind und deshalb auch vom Gericht nicht mehr vollzogen werden dürfen[36]. Als Vertreter des „judicial-restraint" äußerte Justice Frankfurter, die Autorität des Court beruhe lediglich auf seiner moralischen Präsenz (moral sanction), die nur durch politische Enthaltsamkeit in jeder Richtung erhalten werden könne[37]. Die eigentlich politischen Entscheidungen müßten den politischen Repräsentanten des Volkes vorbehalten bleiben. — Frankfurter zergliedert das entscheidungsbedürftige Problem also in eine Reihe politischer Wertungen, für deren Vollzug er den Richter für unzuständig erklärt[38]. Das Gericht wird so zum Beobachter des staatlichen Geschehens, ohne selbst in das Kräftespiel eingreifen zu können. Ein konsequentes „restraint" verpflichtet es, eine fortschrittliche Sozialgesetzgebung ebenso wertneutral hinzunehmen wie beispielsweise staatliche Rassendiskriminierungen[39].

Solche Zuspitzungen sind nun im Ergebnis allerdings ebensowenig haltbar wie der radikale Lösungsversuch, auf die Verfassungsgerichtsbarkeit ganz zu verzichten[40]. Es ist deshalb der Versuch unternommen worden, an Stelle eines konsequenten „self-restraint" die lösungsbedürftigen Probleme nach Sachbereichen aufzuteilen und besonders die Fragen der Wirtschafts-[41] und Sozialpolitik einer gesetzgeberischen Entscheidung vorzubehalten, während die „preferred position" eines persönlichen Freiheitsbereichs der uneingeschränkten Gerichtskontrolle zugänglich sein soll[42].

Für solche Unterscheidungen bietet die „judicial-restraint"-Doktrin jedoch keine tragfähige Basis. Eine undifferenzierte Skepsis gegen das richterliche Urteil ist keine überzeugende Legitimierung seiner Wirkung im „Preferred-position"-Bereich, weil ein Gericht, dem die Zuständigkeit zu politischen (im Sinne von gesamtstaatlichen) Wertungen fehlt, auch für den Ausgleich höchstpersönlicher Freiheitsbereiche mit staatlichen Existenzansprüchen inkompetent ist. Zudem ist die Trennung von ökonomischen und persönlichen Freiheiten vom Standpunkt eines

---

[36] Vgl. *M. Kriele*, Der Supreme Court, Der Staat 1965, S. 202 ff.; Ders., Felix Frankfurter, JZ 1965, S. 243 f.

[37] Baker v. Carr, 369 US 186 (270), (1962) dissenting.

[38] *M. Kriele*, Der Supreme Court, Der Staat 1965, S. 203; Ders., Felix Frankfurter, JZ 1965, S. 243.

[39] *M. Kriele*, Der Supreme Court, Der Staat 1965, S. 202.

[40] *L. Hand*, The Contribution of an Independent Juridicracy to Civilisation, dt. Übersetzung in: *L. Hand*, Das Wesen der Freiheit, S. 95 ff.; *E. Wolf*, Verfassungsgerichtsbarkeit, S. 228 ff.

[41] *H. Ehmke*, Wirtschaft und Verfassung, S. 669.

[42] *A. T. Mason - W. M. Beany*, The Supreme Court, S. 209 ff.

„judicial restraint" keine sachliche Alternative[43], weil wirtschafts- und sozialpolitische Maßnahmen die persönlichen Freiheiten in demselben Maße beschränken können wie direkt darauf gezielte Maßnahmen und persönliche Freiheiten andererseits einer gesetzgeberischen Formung ebenso bedürftig sein können wie ökonomische Vorgänge[44], da sie keine Reservate einer für die Rechtsordnung „undurchdringlichen Qualität" sind[45].

Das Prinzip richterlicher Entscheidungszurückhaltung ist deshalb nur in den Fällen angemessen, in denen die vom Gericht geplante Entscheidung eine sachlich unangemessenere Regelung darstellt, als sie der status quo bereits enthält. Das bedeutet, daß sich die Frage der Zurückhaltung oder Aktivität des Gerichts nach *sachlichen* Kriterien entscheidet, für die die „judicial-restraint"-Doktrin keine ausreichende Basis ist, weil mit ihr lediglich nach der *Person* des Entscheidenden und nicht nach der *Qualität* der Entscheidung differenziert werden kann.

Achtes Kapitel

Die Vermutung der Verfassungsmäßigkeit von Gesetzen

1. Nach den vorangegangenen Darstellungen besitzt auch das Verfassungsrecht jene Struktur, die der ganzen Rechtsordnung eigen ist: Es ist nicht unabhängig von menschlichem Wollen, besitzt nicht die Objektivität eines Denkgesetzes[46] und kann deshalb nicht als stringentes System vorgezeichneter Syllogismen gehandhabt werden.

Auch im Verfassungsrecht ist die konkrete Entscheidung nicht rein logisch aus ihren Prämissen ableitbar. Die Aufgabe der Verfassung beschränkt sich deshalb jedoch nicht darauf, an die Stelle unerreichbarer Rationalität die Herrschaft des Zufalls zu setzen oder den bestehenden status quo zu zementieren. Recht ist Gestaltung, und jede Gestaltung ist auf formgebende Impulse angewiesen. Soweit diese nicht aus einem geschlossenen System für den Einzelfall deduzierbar sind, bedarf es ihrer Ergänzung aus der schöpferischen Subjektivität[47] des

---

[43] Vgl. *M. Kriele*, Der Supreme Court, Der Staat 1965, S. 211.

[44] *P. Häberle*, Wesensgehaltgarantie, S. 60, 116, 175, 182, 186, 216.

[45] *K. Hesse*, Die verfassungsrechtliche Stellung der politischen Parteien, VVDStRL Heft 17, S. 43 Note 92; *P. Häberle*, Wesensgehaltgarantie, S. 225 Note 536; vgl. ferner *W. Schaumann*, Der Auftrag des Gesetzes zur Verwirklichung der Freiheitsrechte, JZ 1970, S. 53.

[46] *K. Hesse*, Die normative Kraft der Verfassung, S. 12.

[47] *E. Kaufmann*, Die Gleichheit vor dem Gesetz, VVDStRL Heft 3, S. 16.

8. Kap.: Die Vermutung der Verfassungsmäßigkeit von Gesetzen

menschlichen Willens und der menschlichen Einsicht[48]. Verfassungsrecht ist deshalb mitgeprägt durch den Inhalt der Entscheidungen aller das Verfassungsleben bestimmenden Personen[49]. So wird zwar ein Unsicherheitsfaktor in die Rechtsordnung hineingetragen, er wird aber schon dadurch kompensiert, daß keine Entscheidung die Freiheit zur Beliebigkeit besitzt, sondern stets an die sachliche Aufgabe gebunden ist[50], die sich wandelnden gesellschaftlichen Faktoren neu zu integrieren[51]; denn die konkrete Entscheidung bedarf, um ihre Aufgabe der Formgebung und Befriedung erfüllen zu können, der „Annahme durch die bedeutsamsten sozialen und politischen Kräfte"[52].

Wenn sich auch die eine und einzig richtige Lösung eines Rechtsproblems nicht objektiv und rational fixieren läßt, so vollzieht sich die Rechtsfindung dennoch in jenem rational feststellbaren *Rahmen*[53], der die Entscheidungsfreiheit eingrenzt und den Inhalt der Entscheidung trotz ihrer subjektiven Wurzel bei Überschreitung gewisser Toleranzgrenzen „objektiv falsch" erscheinen läßt. Wenn sich dementsprechend die Verfassung nicht auf das Prinzip reiner Rationalität zurückführen läßt, weil es an dem Maßstab fehlt, der die ruhelose Argumentation aus dem Bereich des Hypothetischen ins Reale zurückführen und damit fixieren könnte, so hindert doch die Sachbezogenheit auch des Verfassungsrechts seine Reduzierung auf reine Dezision. Zwischen diesen beiden Polen der Reflexion und Dezision[54], der Existentialität und Normativität[55] bewegt sich die Rechtsfindung im Verfassungsrecht wie überall bei der Rechtsgewinnung.

Aus diesem Grund ist die Entscheidung des einfachen Gesetzgebers im Sachbereich der Verfassung eines ihrer notwendigen formgebenden Elemente. Der Verfassungsgehalt wird durch das einfache Gesetz interpretiert[56], deren Regelung konkretisiert die Verfassungsinhalte[57], ohne diese Entscheidung verlöre sich die Verfassung in jener theoretisch unendlichen und deshalb unergiebigen Argumentation.

---

[48] D. *Schindler*, Verfassungsrecht und soziale Struktur, S. 54.
[49] R. *Bäumlin*, Staat, Recht und Geschichte, S. 18.
[50] H. *Ehmke*, Prinzipien, VVDStRL Heft 20, S. 57; Ch. *Graf v. Krokow*, Die Entscheidung, S. 61.
[51] R. *Smend*, Verfassung und Verfassungsrecht, S. 137.
[52] M. *Drath*, Die Grenzen der Verfassungsgerichtsbarkeit, VVDStRL Heft 9, S. 101.
[53] D. *Schindler*, Verfassungsrecht und soziale Struktur, S. 54.
[54] M. *Kriele*, Theorie der Rechtsgewinnung, S. 192 f.
[55] H. *Heller*, Staatslehre, S. 265, 194.
[56] H. *Ehmke*, Prinzipien, in: VVDStRL Heft 20, S. 68.
[57] P. *Häberle*, Wesensgehaltgarantie, S. 57, 175, 191, 198 und passim; Ch. *Graf v. Pestalozza*, Kritische Bemerkungen, Der Staat 1963, S. 440; F. *Müller*, Normstruktur, S. 215.

Die rationale Komponente des Verfassungsrechts verbietet es aber andererseits, die im Verfassungsbereich getroffenen Normierungen des Gesetzgebers als das Verfassungsrecht *selbst* zu verstehen, so daß es zum Gegenstand der Gesetzgebung wird[58] und allein deren Disposition und Dezision unterliegt. Die Verfassung ist nicht *identisch* mit dem Unterverfassungsrecht, sie bedient sich nur *vorläufig* der gesetzgeberischen Dezision, um diese Form abzustreifen, sobald die Probleme einer tieferen rationalen Durchdringung zugänglich sind. Die Verfassung lebt in der *provisorischen* Rezeption des Unterverfassungsrechts.

So fruchtbar es war, die wissenschaftliche Diskussion überhaupt auf jene Verbindung von Verfassung und Unterverfassungsrecht zu lenken[59], so wird doch das zur Diskussion gestellte Problem durch den Versuch, die das Unterverfassungsrecht rezipierenden Verfassungsnormen als „Institutionell-Objektives"[60] zu erklären, mehr verdunkelt als erhellt. Der Hinweis auf das Institutionelle der Verfassungsrechtsnormen und das die Institution bildende Unterverfassungsrecht reicht nicht aus, denn jede *Rechts*institution bedarf außer einer Sammlung des Vorgegebenen auch eines Maßstabes des Aufgegebenen, nach dem der vorgegebene Stoff spezifisch *rechtlich* geordnet wird. Diese Ordnung enthält ein rezipiertes Unterverfassungsrecht nicht, weil es sowohl verfassungs*mäßig* als auch verfassungs*widrig* sein kann.

Die Spannung zwischen Vorgegebenem und Aufgegebenem läßt sich im Verfassungsrecht andererseits auch nicht durch ein gegenseitiges In-Beziehung-Setzen von Verfassung und Unterverfassung lösen. Man meint damit, daß Gesetze zwar den Inhalt der Verfassung bestimmen, ihrerseits aber durch die Verfassung selbst bestimmt werden[61]. Das Ergebnis dieses Wechselspiels soll schließlich „in einer differenzierten gedanklichen Operation erschlossen werden, die an eine ganzheitliche Auslegung der Verfassung keine geringen Anforderungen stellt" (Häberle)[62]. Es handelt sich hierbei jedoch um einen jener oben[63] abgelehnten Versuche, mit Hilfe zweier einander variierender Variablen eine Konstante zu finden.

---

[58] So auch P. *Häberle*, Wesensgehaltgarantie, S. 131.

[59] BVerfGE 7, 198 (208, 209), 1958; insbesondere: P. *Lerche*, Übermaß und Verfassungsrecht, 1961; P. *Häberle*, Die Wesensgehaltgarantie des Art. 19 Abs. 2 Grundgesetz, 1962.

[60] P. *Häberle*, Die Wesensgehaltgarantie, S. 96 u. passim.

[61] P. *Häberle*, Die Wesensgehaltgarantie, S. 34 u. passim; BVerfGE 7, 198 (208, 209).

[62] P. *Häberle*, Wesensgehaltgarantie, S. 35.

[63] Vgl. oben, 3. Kapitel, 3. Abschnitt.

8. Kap.: Die Vermutung der Verfassungsmäßigkeit von Gesetzen

Auch der Hinweis auf eine „Grundrechtsidee"[64], eine „Orientierung am Gerechtigkeitswert"[65] oder eine vorzunehmende Güterabwägung[66] vermag die gesuchte Konstante nicht in jenes schwebende System veränderlicher Konturen einzuführen, weil den drei angeführten Topoi im konkreten Fall jede richtungsweisende Kraft fehlt, um die einander variierenden Variablen zum Stillstand zu bringen.

Eine dogmatische Hilfsfigur, die dagegen einerseits das formgebende Rechtselement der *Entscheidung* aufzunehmen vermag, *ohne* andererseits die Verbindung zu jenen rationalen, vernunftbedingten Wurzeln des Rechts abzuschneiden, ist das oben entwickelte Prinzip der Rechtmäßigkeitsvermutung, das sich für die Regelung des Gesetzgebers im Verfassungsbereich als *Vermutung der Verfassungsmäßigkeit von Gesetzen* darstellt.

Es bedarf jedoch bereits an dieser Stelle der Klarstellung, daß der hier entfaltete Vermutungsgrundsatz über jenes „prozessuale Verfassungsprinzip" hinausgeht, nach dem ein Gesetz so lange als verfassungsmäßig zu behandeln ist, bis es durch ein Verfassungsgericht für verfassungswidrig erklärt worden ist. Während dieses Prinzip in seinem Kern nur ein Verwerfungsmonopol des Verfassungsgerichts begründet, berührt die materielle Vermutung der Verfassungsmäßigkeit von Gesetzen Fragen der inhaltlichen Übereinstimmung von Verfassung und Unterverfassungsrecht[67]. Und in dieser zweiten Verwendungsform hat der Vermutungsgrundsatz in der Dogmatik des deutschen Verfassungsrechts bisher nur zaghafte[68] und wenig ausgeprägte Verwendung gefunden[69]. Dies mag an dem dargestellten Widerspruch von Rechtsanwendungsdoktrin und Rechtmäßigkeitsvermutung liegen.

---

[64] *P. Häberle*, Wesensgehaltgarantie, S. 105.

[65] *P. Häberle*, Wesensgehaltgarantie, S. 226.

[66] *P. Häberle*, Wesensgehaltgarantie, S. 188 u. passim.

[67] Übergangsformen abgestufter Grauzonen gibt es allerdings wie in allen Überlagerungsbereichen materiellrechtlicher und prozessualer Probleme. Vgl. dazu die Ableitung und Anwendung des Vermutungsbegriffs bei *Ch. Böckenförde*, Die sogenannte Nichtigkeit verfassungswidriger Gesetze, S. 111 f.

[68] Vgl. die differenzierenden Ansichten von *C. Schmitt*, einerseits: Das Reichsgericht als Hüter der Verfassung, in: Verfassungsrechtliche Aufsätze, S. 88, andererseits: Ders., Grundrechte und Grundpflichten, in: Verfassungsrechtliche Aufsätze, S. 223 f.; oder *P. Lerche*, einerseits: Übermaß und Verfassungsrecht, S. 332 f., andererseits: Ders., Föderalismus als nationales Ordnungsprinzip, VVDStRL Heft 21, S. 72.

[69] Vgl. außer der Literatur der vorangehenden Note: *Zustimmend:* BVerfGE 2, 226 (282); 9, 338 (350); *Arthur Kaufmann*, Gesetz und Recht, S. 366 f.; *T. Maunz - G. Dürig*, Grundgesetz, Rdnr. 63 zu Art. 20; *G. Less*, Vom Wesen und Wert des Richterrechts, S. 66; *P. Schneider*, In dubio pro libertate, in: Hundert Jahre deutsches Rechtsleben, Bd. 2 S. 263 ff.; Ders., Prinzipien, VVDStRL Heft 20, S. 31 f.; *F. Ossenbühl*, Verfassungsauslegung, DÖV 1965, S. 649; *H. Schulz-Schaeffer*, Die Staatsform, S. 153; *ablehnend: O. Bachof*, Der

3. Teil: Verfassungsrechtliche Anwendung

Man kennt jedoch Vermutungen entweder direkt für die Verfassungsmäßigkeit von Gesetzen[70] oder für die Rechtmäßigkeit von Staatsakten[71], Vermutungen für die grundrechtliche Individualfreiheit[72] oder auch für die Kompetenz des jeweils handelnden Gesetzgebers im Bundesstaat[73]. Und diesem weitgespannten Verwendungsbereich entsprechend zielen auch die kritischen Stimmen gegen die verfassungsrechtliche Verwendung des Vermutungsbegriffs auf die unterschiedlichsten Angriffspunkte.

So wird das hier vertretene Prinzip der widerleglichen Vermutung der Verfassungsmäßigkeit von Gesetzen nicht von jener Kritik betroffen, die sich dagegen wendet, auf dem Umweg über die Vermutung umstrittene oder unklare materiale Rechtsgehalte einzuführen und durch tastende „vermutungsweise" Argumentation langsam zu etablieren. Diese Kritik richtet sich also im einzelnen gegen die materialen Gehalte dessen, was vermutet werden soll[74], nicht gegen die Rechtsbestimmung per Vermutung an sich[75].

Ebensowenig ist das Prinzip einer widerleglichen Vermutung der Verfassungsmäßigkeit von Gesetzen von jener Kritik betroffen, die sich gegen die staatliche Autorität als Geltungsgrund einer Rechtmäßigkeitsvermutung wendet[76]. Bei der kritisierten These[77] handelt es sich nämlich

---

Verfassungsrichter, S. 48; *P. Lerche,* Übermaß und Verfassungsrecht, S. 333 f.; *H. Ehmke,* Prinzipien, in: VVDStRL Heft 20, S. 87; *J. Isensee,* Subsidiaritätsprinzip, S. 229 Note 26; *D. C. Göldner,* Verfassungsprinzip und Privatrechtsnorm, S. 44 f.

[70] BVerfGE 2, 266 (282); 9, 338 (350); BFG in: BB 1959, S. 364; OVG Münster, DÖV 1960, S. 195 (196); *C. Schmitt,* Das Reichsgericht als Hüter der Verfassung, in: Verfassungsrechtliche Aufsätze, S. 88; *K. Hesse,* Grundzüge, S. 33; *E. Friesenhahn,* Die Verfassungsgerichtsbarkeit in der Bundesrepublik Deutschland, in: Verfassungsgerichtsbarkeit in der Gegenwart, S. 153; *Maisch,* Nochmals zur Frage der Nichtigkeit eines Verwaltungsaktes, NJW 1959, S. 1476; *H. Schulz-Schaeffer,* Die Staatsform, S. 153; *D. C. Göldner,* Verfassungsprinzip und Privatrechtsnorm, S. 44 f.; vgl. ferner BVerwGE 8, 98 (103), wo die Vermutung allerdings unscharf mit dem Grundsatz „verfassungskonformer Auslegung" vermengt wird, worauf *O. Bachof,* Verfassungsrecht I, S. 100, zu Recht hinweist.

[71] BVerwGE 1, 67 (69); *H. Peters,* Lehrbuch der Verwaltung, S. 10.

[72] *P. Schneider,* In dubio pro libertate, in: Hundert Jahre deutsches Rechtsleben, Bd. 2, S. 263 ff.

[73] *P. Lerche,* Föderalismus als nationales Ordnungsprinzip, VVDStRL Heft 21, S. 72.

[74] Vgl. *H. Ehmke,* Prinzipien, VVDStRL Heft 20, S. 87.

[75] Zustimmend: *F. Ossenbühl,* Verfassungsauslegung, DÖV 1965, S. 658.

[76] *D. Jesch,* Die Bindung des Zivilrichters an Verwaltungsakte, S. 54 f., 56; *A. Hamann,* Aussetzung der Vollziehung von Steuerbescheiden bei verfassungsrechtlich zweifelhaften Steuergesetzen, NJW 1959, S. 1468; *A. Arndt,* Nochmals: Verfassungswidrigkeit eines Gesetzes und Verwaltungsakt, NJW 1959, S. 2146; ablehnend auch: *G. Hoffmann,* Die Verwaltung und das verfassungswidrige Gesetz, JZ 1961, S. 201 Note 89.

[77] Vertreten von *Arthur Kaufmann,* Gesetz und Recht, S. 366 f.; BVerwGE 1, 67 (69).

8. Kap.: Die Vermutung der Verfassungsmäßigkeit von Gesetzen 61

nicht um eine echte Vermutung, deren Wirksamkeit aus sachlichen Gründen widerlegt werden kann, sondern um die versteckte Variante eines vom Sachproblem unabhängigen Dezisionismus, weil die Autorität des Entscheidenden ein Geltungsgrund der Entscheidung ist, der diese geradezu der Notwendigkeit einer sachlichen Legitimierung enthebt.

Die Rechtsprechung des Bundesverfassungsgerichts hat sich im Gegensatz zu der des Supreme Court[78] bisher erst zweimal expressis verbis zu dem hier vertretenen Prinzip der Vermutung der Verfassungsmäßigkeit von Gesetzen bekannt[79]. In weiteren Entscheidungen folgt das Gericht diesem Grundsatz zwar andeutungsweise der Sache nach, lokalisiert das Problem dogmatisch aber in einer Analogiekonstruktion zur verwaltungsrechtlichen Ermessenslehre: Der verfassungsgebundene Gesetzgeber bewegt sich danach in einem „Ermessensspielraum"[80], der ihm seitens der Verfassung eine gewisse Gestaltungsfreiheit[81] bei der Regelung lösungsbedürftiger Probleme einräumt. Das Gericht greift besonders bei der Interpretation des normativ so gut wie inhaltslosen Gleichheitssatzes[82] über die Analogiekonstruktion zur verwaltungsbehördlichen Ermessensfreiheit auf die formgebenden Entscheidungen des Unterverfassungsgesetzes zurück.

Dieses Bestreben der Rechtsprechung, die notwendige Gestaltungsfreiheit des Gesetzgebers dogmatisch in den Griff zu bekommen, ist verständlich, dennoch führt der Rückgriff auf Modelle der verwaltungsrechtlich verhältnismäßig gesicherten Ermessenslehre in die Problemperipherie: Die Untersuchungen oben haben ergeben, daß die Ermessenslehre des Verwaltungsrechts nur ein Ausschnitt jenes allgemeinen Prinzips der Rechtmäßigkeitsvermutung einmal getroffener Entscheidungen ist. Auf diesen Ausschnitt beschränkt, vollzöge sich die verfassungsrechtliche Problemerörterung von vornherein nur unter einem begrenzten Blickwinkel, immer in der Gefahr, aus der Qualifikation verkrusteter Begriffe auf eine Kontroll- oder Entscheidungszuständigkeit zu schließen. Um aber gerade im Verfassungsrecht der Gefahr auszu-

---

[78] Bereits 1819 sprach sich Chief Justice Marshall, unter dessen Führung 1803 die bekannte Marbury-Entscheidung erging, im Darthmouth College Case (4 Wheaton 514 ff.) für eine verfassungsrechtliche Gültigkeitsvermutung von Gesetzen aus.

[79] BVerfGE 2, 266 (282); 9, 338 (350).

[80] BVerfGE 1, 167 (177); 2, 266 (280); 3, 19 (33); 3, 58 (133); 7, 377 (403); 12, 45 (51 f.); 21, 54 (65); 22, 349 (361, 367).

[81] BVerfGE 3, 58 (134); 12, 151 (166); 12, 326 (337); 18, 121 (124); 18, 257 (273); 18, 315 (341); 21, 1 (6); 21, 12 (27); 21, 73 (78); 21, 150 (157); 21, 210 (219); 22, 28 (34); 22, 100 (103); 22, 349 (361); 23, 12 (29); 23, 153 (168); 23, 242 (252); 24, 1 (17); 24, 203 (215).

[82] BVerfGE 12, 326 (337); 15, 167 (201 f.); 18, 121 (124); 20, 31 (33); 21, 12 (26 f.); 24, 220 (228).

weichen, die Problemlösung neben einem theoretischen Verständnis zu suchen, das in einer Reihe sachlich irrelevanter Hilfsbegriffe ein Eigenleben zu führen begonnen hat, ist es erforderlich, die notwendige Gestaltungsfreiheit des Gesetzgebers auf das Prinzip der Rechtmäßigkeitsvermutung zurückzuführen.

2. Wenn auf diese Weise jeder gesetzgeberischen Entscheidung eine Vermutung für ihre Verfassungsmäßigkeit anhaftet, dann konzentriert sich das Problem der Verfassungswidrigkeit einer gesetzlichen Regelung auf Voraussetzungen, unter denen die Vermutung widerlegt werden kann.

Da die Vermutung der Verfassungsmäßigkeit von Gesetzen dort eingreift, wo die Sachentscheidung des Gesetzgebers die konkrete Regelung eines normativ nicht abschließend konstituierten Verfassungsrechtssatzes bildet, wäre die Vermutung dort widerlegt, wo die gesetzgeberische Entscheidung mit einer ebenso konkreten Regelung von Verfassungsqualität konkurriert. Bei diesem Rückschluß bleibt allerdings offen, an Hand welcher Kriterien die Verfassungsqualität der konkurrierenden Regelung bestimmt werden soll. Gerade das Fehlen eines einheitlichen, objektiven und unveränderlichen Maßstabes machte es erforderlich, die einmal getroffene Entscheidung mit jener Vermutung zugunsten ihrer Rechtmäßigkeit zu belegen. Aus diesem Grund kann auch die abweichende Entscheidung, die der gesetzlichen Regelung widerspricht, allenfalls eine Vermutung für ihre Recht- und Verfassungsmäßigkeit besitzen. Das bedeutet, daß die eine Vermutung der anderen in Form ihrer Widerlegungsmöglichkeit gegenübersteht und die Frage nach der qualitativ besten Lösung stets im Bereich des Hypothetischen bleibt.

Um hier die Kontinuität der einmal getroffenen Entscheidung zu wahren und die gewonnene Form nicht leichter Hand zugunsten neuer Möglichkeiten aufzugeben, deren Qualität überhaupt noch in Frage steht und die sich durchaus als unbefriedigender erweisen könnten, ist es erforderlich, die getroffene Entscheidung nur da aufzugeben, wo sie mit hoher Wahrscheinlichkeit soviel unbefriedigender ist als die konkurrierend angebotene Alternative, daß sie im Vergleich mit dieser geradezu unhaltbar wird[83]. Die Vermutung der Verfassungsmäßigkeit von Gesetzen ist deshalb in den Fällen widerlegt, in denen die gesetzliche Regelung, verglichen mit den alternativ angebotenen Problem-

---

[83] Ein Lösungsschlüssel, den das Bundesverfassungsgericht bis vor kurzem nur bei der Interpretation des Gleichheitssatzes verwandt hat (vgl. 12, 326 (333); 13, 356 (361), dessen Anwendung aber aus den dargelegten Gründen bei allen Verfassungsproblemen gleich schwacher rechtsnormativer Ausformung angezeigt ist. (Vgl. neuerdings BVerfGE 24, S. 367 (406). Dazu auch oben: 4. Kapitel, 2. Abschnitt und 5. Kapitel, 2. Abschnitt.

8. Kap.: Die Vermutung der Verfassungsmäßigkeit von Gesetzen

lösungen, schon unvertretbar erscheint[84]. Und aus diesem Grund geht auch die verfassungsgerichtliche Kompetenz nur so weit, die Verletzung äußerster Grenzen zu rügen[85] und nicht in allen zweifelhaften Fragen die eigene Gerechtigkeitsinterpretation an die Stelle der des Gesetzgebers zu setzen[86].

Was allerdings jeweils als „unvertretbar" anzusehen ist und wo jene „äußerste Grenze" im Einzelfall verläuft, bleibt am Ende wiederum Gegenstand einer Entscheidung, deren Ergebnis ebenfalls nicht vollständig vorhersehbar ist. Die verbleibende Unsicherheit kann jedoch auf die gesamte öffentliche Gewalt und Gesetzgebung jenen Edukationseffekt[87] ausüben, der dazu anhält, an der eigenen Grenze zu fremden Kompetenzbereichen nicht allzu unbefangen zu operieren, um die eigene Regelung nicht in toto der Gefahr verfassungsgerichtlicher Kassation auszusetzen.

Das Prinzip der Rechtmäßigkeitsvermutung verwandelt damit den rechtlichen Zweifel aus Gründen der geistigen Kontinuität in ein Argument für den Inhalt der einmal getroffenen Entscheidung[88]. Es bleibt jedoch wichtig, festzustellen, daß nicht jeder beliebige Zweifel und jedes ängstliche Zögern dazu führen kann, einen Wechsel von vergangenem zu gegenwärtigem Problemverständnis zu verhindern. Die damit eingeführte Notwendigkeit, qualitativ zu differenzieren, und das Fehlen eines geeigneten allgemeingültigen Maßstabes zwingen dazu, auf jene qualitative Unterscheidung „aus zweiter Hand" zurückzugreifen, nach der vom Problemhorizont des Urteilenden auf die Qualität seiner Ent-

---

[84] Das Vertretbarkeitskriterium wird nicht durch den Verfassungstext des Art. 93 Ziff. 2 GG entwertet, wonach das Bundesverfassungsgericht bei Zweifeln und Meinungsverschiedenheiten über die Vereinbarkeit von Verfassung und Unterverfassungsrecht entscheidet und sich relevante Zweifel und Meinungsverschiedenheiten offenbar nur zwischen vertretbaren Ansichten bilden können, denn Art. 93 Ziff. 2 GG stellt in seiner Ausprägung durch § 76 BVerfGG bei der Bestimmung des entscheidungsbedürftigen Zustands allein auf die Beteiligung staatsrechtlich kompetenter Meinungsträger und nicht auf die jeweilige Vertretbarkeit ihrer Ansichten ab.

[85] BVerfGE 13, 356 (362); *E. Kaufmann*, Die Grenzen der Verfassungsgerichtsbarkeit, VVDStRL Heft 9, S. 10; *G. Holstein*, Von Aufgaben und Zielen, AöR Bd. 50 S. 10; *R. Zippelius*, Wertungsprobleme, S. 36; *Arthur Kaufmann*, Gesetz und Recht, S. 367; *H. Ehmke*, Prinzipien, VVDStRL Heft 20, S. 69; *W. Seuffert*, Abgrenzung, NJW 1969, S. 1373.

[86] So insbesondere die ständige Rechtsprechung des Bundesverfassungsgerichts zum normativ so gut wie inhaltsleeren Gleichheitssatz, vgl. BVerfGE 1, 14 (52); 22, 387 (415).

[87] *K. Zweigert*, Die Verfassungsbeschwerde, JZ 1952, S. 321; *H. Röhl*, Zwischenbilanz der Verfassungsbeschwerde, JZ 1957, S. 105; *P. Lerche*, Übermaß und Verfassungsrecht, S. 324.

[88] Vgl. bereits bei *R. Descartes*, Discour de la Méthode (ed. L. Gräbe, S. 40/41 ff.), den Grundsatz von der Vermutung für die Richtigkeit der einmal getroffenen Entscheidung.

scheidung geschlossen werden kann[89], so daß die Äußerung desjenigen maßgeblich wird, der für die lösungsbedürftige Frage das aktuell oder generell weiter gespannte Problembewußtsein besitzt[90].

In diesem Zusammenhang bleibt für das Verhältnis von Gesetzgebung und Verfassungsgerichtsbarkeit hervorzuheben, daß der Gesetzgeber trotz historischer und lobbyistischer Diskreditierung im Regelfall die Instanz mit der Erfahrungsbreite und Beurteilungskompetenz ist, vorhandene Gerechtigkeitsvorstellungen durch eine Entscheidung verantwortlich[91] zu fixieren. Diese Legitimierung des Gesetzgebers, seine rechtspolitische Sachkunde und breite Erfahrungsbasis kann ein Verfassungsgericht auch nicht mit Hilfe von Sachverständigen vollständig ersetzen[92], denn im Regelfall ist das entscheidungsbedürftige Rechtsproblem zu komplex, um sich restlos in beantwortungsreife Fragen an die exakten Wissenschaften auflösen zu lassen. Es bleibt ein Restbereich, der *juristisch* entscheidungsbedürftig ist, weil dort die sachverständige Forschung nur indifferente Ergebnisse liefert.

Andererseits kann der Gesetzgeber trotz seines generell weiter gespannten Problemhorizonts in einer politischen Zielsetzung so befangen sein[93], daß seine Entscheidung die maßgebliche Gerechtigkeitsstruktur eines lösungsbedürftigen Problems verfehlt. Hier besitzt dann das Verfassungsgericht das vergleichsweise weiterreichende Problembewußtsein, das sich an der konkreten[94] Erfahrung[95] mit dem vor Gericht gebrachten Tatbestand bilden kann und gegebenenfalls zur Aufhebung der gesetzlichen Regelung berechtigt.

3. Das Prinzip der Rechtmäßigkeitsvermutung ist danach ebenso wie seine Ausprägung als Vermutung der Verfassungsmäßigkeit von Gesetzen eine Antwort auf die eingangs gestellte Frage nach den Möglichkeiten, die Formen des menschlichen Lebens mit Hilfe des Rechts einer Bestimmung des Zufalls zu entziehen und an objektive Normen zu binden: Als Ausdruck der menschlichen Existenz teilt das Recht mit ihr die Eigenschaft, nicht abschließend fixierbar zu sein. Deshalb ist es

---

[89] Dazu oben: 4. Kapitel, 2. Abschnitt; 5. Kapitel, 2. Abschnitt; ebenfalls *P. Lerche*, Übermaß und Verfassungsrecht, S. 340: „Als nur scheinbar vordergründigster Gesichtspunkt kommt die Abstellung auf die größere Erfahrungsbreite und Erkenntnistiefe mithin auf die sachliche Beurteilungskompetenz in Betracht."

[90] Dazu oben: 4. Kapitel, 2. Abschnitt; 5. Kapitel, 2. Abschnitt.

[91] Vgl. dazu *P. Lerche*, Übermaß und Verfassungsrecht, S. 340.

[92] Anders: BVerfGE 7, 377 (412).

[93] Für die verwaltungsbehördliche Entscheidung, oben, 6. Kapitel, 2. Abschnitt.

[94] *H.-G. Gadamer*, Wahrheit und Methode, S. 334.

[95] Vgl. die Argumentation BVerfGE 16, 147 (187 f.); dazu auch *M. Drath*, Die Grenzen der Verfassungsgerichtsbarkeit, VVDStRL Heft 9, S. 105.

8. Kap.: Die Vermutung der Verfassungsmäßigkeit von Gesetzen

weder rechtstheoretisch noch praktisch möglich, das Unberechenbare und nicht Vorgezeichnete aus dem Rechts- und Gesetzesbegriff auszuklammern[96]. Jeder Versuch, das Recht allein auf ein objektiv wirkendes und in dieser Form wahrnehmbares Prinzip zurückzuführen, setzt bereits die Möglichkeit voraus, die menschliche Natur abschließend zu erkennen. Soweit dies nicht gelingt, bleibt die Gestaltung des Rechts auf die aktiv schöpferische Rolle des Individuums angewiesen[97], dessen Impulse vernunftbedingt oder emotional, sozialbezogen oder individuell die Eigenschaften des Rechts mitbestimmen.

Auf Grund dieser Verbindung ist die individuelle und systemunabhängige Entscheidung ein bestimmender Faktor des Rechts, dessen eigenständiger Wert über die Qualität der vorbereitenden Argumente und Motivationen hinausgeht. So ist die einmal getroffene Entscheidung nicht mehr beliebig gegen das abweichende Ergebnis einer theoretisch gleichwertigen Argumentation austauschbar. Nur dort, wo der Inhalt einer Entscheidung mit einer Wahrscheinlichkeit verfehlt ist, die bereits an Gewißheit grenzt, ergibt sich die Berechtigung, vom einmal Festgelegten abzuweichen. Volle Gewißheit läßt sich dabei nie erreichen; das jedoch ist eine Eigenschaft des Rechts.

---

[96] R. *Bäumlin*, Staat, Recht und Geschichte, S. 46.
[97] E. *Kaufmann*, Die Gleichheit vor dem Gesetz im Sinne des Art. 109 der Rechtsverfassung, VVDStRL Heft 3, S. 16.

Zusammenfassung
der wichtigsten Ergebnisse

1. Die Rechtsordnung läßt sich nicht als geschlossenes, objektiv wirksames System handhaben, durch das jedes Rechtsproblem seiner vorbestimmten Lösung zugeführt werden kann. Jede Rechtsentscheidung beruht unumgänglich auch auf subjektiven Elementen, die die Rechtsordnung als offen erscheinen lassen.

2. *Subjektivität* bedeutet im Bereich des Rechtlichen *nicht* zwingend *Unvorhersehbarkeit.* Die Rechtsentscheidung, die auf subjektiven Elementen basiert, orientiert sich an einer *„sozialen Opfergrenze"* (S. 23 ff.), auf Grund derer sie Intersubjektivität gewinnt und die es dem mit der Problematik Vertrauten ermöglicht, sie in bestimmten Grenzen vorherzusehen und nachzuvollziehen. Die Möglichkeit vollständiger Gewißheit über die Angemessenheit der geplanten oder ergangenen Entscheidung fehlt im Bereich des Rechtlichen aber sowohl dem Entscheidenden als auch dem Kontrollierenden.

3. Soweit Ungewißheit über Entscheidungsvoraussetzungen oder -folgen mit dem Zwang zu einer Entscheidung kollidiert, gewinnt der Begriff der Vermutung für die Rechtsbestimmung Bedeutung. Inhalt dessen, was vermutet wird, ist ein Erfahrungstatbestand *(Vermutungsbasis),* der die Ungewißheit nicht beheben, aber mindern kann.

4. Ungewißheit besteht bei der Rechtsgewinnung nicht nur in Hinblick auf (tatsächliche) Entscheidungsvoraussetzungen. Die dahingehende Ansicht verengt den Anwendungsbereich der Vermutung auf eine prozessuale Beweisregel. Ungewißheit unterschiedlicher Intensität besteht wegen der unvermeidbar subjektiven Gehalte einer Rechtsentscheidung auch auf jeder Stufe der Rechtsgewinnung hinsichtlich der inhaltlichen Angemessenheit und Gerechtigkeit der konzipierten Problemlösung. Die Vermutung besitzt dadurch auch im Bereich ideeller, tatsachenunstreitiger Rechtsgewinnung inhaltsbestimmende Funktion.

5. Basis dieser Vermutung ist die Erkenntnis, daß eine institutionell berufene Entscheidungsinstanz die Rechtslage eines konkreten Problems durch ihre Entscheidung dort *originär konstituiert,* wo sie in Ermangelung objektiv erkennbarer Entscheidungskriterien auf subjektive Entscheidungselemente zurückgreifen muß. Auf Grund dieser Vermutungsbasis besitzt jede Entscheidung einer institutionell berufenen Instanz

die widerlegliche Vermutung inhaltlicher Angemessenheit und Gerechtigkeit *(Rechtmäßigkeitsvermutung)*.

6. Die Rechtmäßigkeitsvermutung ist begrenzt widerleglich: Führt der Mangel objektiv erkennbarer Entscheidungskriterien zur notwendigen Heranziehung subjektiver Elemente, so fehlt es regelmäßig an erkennbaren Maßstäben, die Unrechtmäßigkeit der getroffenen Entscheidung festzustellen. Anders formuliert: Wo die Entscheidung die Rechtslage eines Problems konstituiert, wird sie zum Rechtsmaßstab ihrer selbst.

Die Rechtmäßigkeitsvermutung ist deshalb nur dort widerlegt, wo die sie begründende Entscheidung *erkennbar* Gerechtigkeitsmaßstäbe verletzt, indem sie entweder inhaltlich *unvertretbar* erscheint oder von einer Instanz getroffen wurde, die in der entscheidungsbedürftigen Frage einen *nachweisbar* verkürzten Problemhorizont besitzt.

7. Rechtmäßigkeitsvermutung und Widerlegungsmöglichkeit lassen sich beispielhaft an den korrespondierenden Instituten von Rechtskraft und Wiederaufnahme (S. 42—46), sowie dem Zusammenhang von Verwaltungsermessen und den Grenzen seiner richterlichen Beurteilung (S. 46—54) nachweisen.

8. Im Bereich des Verfassungsrechts ist eine Besinnung auf das Prinzip der Rechtmäßigkeitsvermutung besonders deshalb angezeigt, weil hier eine strikte Rechtsanwendungsdoktrin (Recht als durchgehend objektiv erkennbare Größe) zu undifferenziert globaler Legitimierung des Richterspruchs und damit zu einer Verschiebung der staatlichen Willensbildung und politischen Verantwortlichkeit vom Gesetzgeber auf das Verfassungsgericht führen kann.

9. Der Versuch, der dargestellten Gefahr durch eine Beschränkung verfassungsrichterlicher Tätigkeit („judicial restraint") zu begegnen, ist für sich ebensowenig befriedigend wie der Ansatz, das Unterverfassungsrecht zur Aufbereitung des normativen Gehalts der Verfassung in diese mit einzubeziehen:

a) Das Postulat verfassungsrichterlicher Zurückhaltung ist geeignet, die Verfassungsrechtsprechung auch für die Fälle zu diskreditieren, die eines verfassungsgerichtlichen Eingriffs bedürfen.

b) Die normative Aufbereitung der Verfassung birgt die Gefahr, die eigentlichen Vektoren einer verfassungsrechtlichen Entscheidung zu verschleiern: Die normative Vakanz wird zunächst mit Gehalten aufgefüllt, die sodann vorgeblich interpretorisch wieder eruiert werden. Das Unterverfassungsrecht ist zudem als *normative* Hilfssubstanz der Verfassung ungeeignet, weil es auch verfassungswidrig sein kann. Versuche, dies in gegenseitiger Abhängigkeit von Verfassung und Unterverfassungsrecht zu berücksichtigen, führen zu Tautologien oder Begriffen („Typus", „Institution"), die eine illusionäre, weil ausschließlich begriffliche Harmonisierung mit dem Verlust praktischer Aussagekraft erkaufen.

10. Das Prinzip der Rechtmäßigkeitsvermutung gewinnt für die Dogmatik des Verfassungsrechts seine Ausprägung als Vermutung der Verfassungsmäßigkeit von Gesetzen. Die Vermutung ist nur dort durch das Verfassungsgericht widerlegbar, wo die gesetzliche Entscheidung inhaltlich geradezu unvertretbar wird oder eine nachweisbare Blickverkürzung (politische Befangenheit) des Gesetzgebers bei der Entscheidung des Problems erkennbar wird.

Literaturverzeichnis

Anschütz, Gerhard: Die Verfassung des Deutschen Reichs, 14. Auflage (4. Bearbeitung), Berlin 1933

Arndt, Adolf: Demokratie — Wertsystem des Rechts, in: Notstandsgesetzgebung — aber wie? Köln 1962, S. 9 ff.

— Nochmals: Welche Folge hat die Verfassungswidrigkeit eines Gesetzes für einen darauf gestützten Verwaltungsakt, NJW 1959, S. 2145

Bachof, Otto: Beurteilungsspielraum, Ermessen und unbestimmter Rechtsbegriff im Verwaltungsrecht, JZ 1955, S. 97 ff.

— Ermessen und Sprachgebrauch, in: JZ 1956, S. 590 f.

— Die Rechtsprechung des Bundesverwaltungsgerichts, JZ 1957, S. 431 ff.

— Verfassungsrecht, Verwaltungsrecht, Verfahrensrecht, Band 1, 2. Auflage, Tübingen 1964

— Der Verfassungsrichter zwischen Recht und Politik, in: Summum ius summa iniuria, S. 41 ff., Tübingen 1963

— Die verwaltungsgerichtliche Ermessenskontrolle, SJZ 1948, Sp. 742 ff.

Baratta: Alessandro: Natur der Sache und Naturrecht, in: Die ontologische Begründung des Rechts, herausgegeben von Arthur Kaufmann, S. 104 ff., Darmstadt 1965

— Gedanken zu einer dialektischen Lehre von der Natur der Sache, Gedächtnisschrift für Gustav Radbruch, S. 173 ff., Göttingen 1968

Bäumlin, Richard: Staat, Recht und Geschichte, Zürich 1961

Bettermann, Karl August: Der Schutz der Grundrechte in der ordentlichen Gerichtsbarkeit, in: Die Grundrechte, 3. Bd., 2. Halbband, Berlin 1959

— Rechtsgleichheit und Ermessensfreiheit, Der Staat 1962, S. 79 ff.

— Verwaltungsakt und Richterspruch, in: Gedächtnisschrift für Walter Jellinek, S. 361 ff., München 1955

Binder, Julius: Prozeß und Recht, Leipzig 1927

Blomeyer, Arwed: Zivilprozeßrecht, Berlin—Göttingen—Heidelberg, 1963

— Rechtskrafterstreckung infolge zivilrechtlicher Abhängigkeit, ZZP 75 (1962), S. 3 ff.

Bobbio, Norberto: Über den Begriff der Natur der Sache, ARSP, Bd. 44, 1958, S. 305 ff.

Bötticher, Eduard: Kritische Beiträge zur Lehre von der materiellen Rechtskraft im Zivilprozeß, Berlin 1930

Bülow, Oskar: Gesetz und Richteramt, Leipzig 1885

Burckhardt, Walther: Methode und System des Rechts, Zürich 1936

Calliess, Rolf-Peter: Eigentum als Institution, München 1962

Coing, Helmut: Grundzüge der Rechtsphilosophie, Berlin 1950

Dombois, Hans: Das Problem der Institutionen und die Ehe, in: Recht und Institution, S. 55, herausgegeben von Hans Dombois, Witten/Ruhr, 1956

Drath, Martin: Die Grenzen der Verfassungsgerichtsbarkeit, VVDStRL Heft 9, S. 17 ff., Berlin 1952

Ehmke, Horst: „Ermessen" und „unbestimmter Rechtsbegriff" im Verwaltungsrecht, Tübingen 1960

— Prinzipien der Verfassungsinterpretation, VVDStRL Heft 20, S. 53 ff., Berlin 1963

— Wirtschaft und Verfassung, Karlsruhe 1961

Engisch, Karl: Die Idee der Konkretisierung in Recht und Rechtswissenschaft unserer Zeit, Heidelberg 1953

— Logische Studien zur Gesetzesanwendung, 3. Auflage, Heidelberg 1963

— Zur „Natur der Sache" im Strafrecht, Festschrift für Eberhard Schmidt, S. 90 ff., Göttingen 1961

— Sinn und Tragweite juristischer Systematik, in: Studium Generale, Bd. 10, 1957, S. 173 ff.

Esser, Josef: Grundsatz und Norm in der richterlichen Fortbildung des Privatrechts, Tübingen 1956

— Richterrecht, Gerichtsgebrauch und Gewohnheitsrecht, in: Festschrift für Fritz von Hippel, S. 95 ff., Tübingen 1967

— Wertung, Konstruktion und Argument im Zivilurteil, Karlsruhe 1965

Eyermann, Erich - Ludwig *Fröhler:* Verwaltungsgerichtsordnung, 4. Auflage, München und Berlin 1965

Fechner, Erich: Rechtsphilosophie, 2. Auflage, Tübingen 1962

Forsthoff, Ernst: Diskussionsbeitrag, VVDStRL, Heft 17, S. 222

— Lehrbuch des Verwaltungsrechts, 9. Auflage, München und Berlin 1966

— Zur Problematik der Verfassungsauslegung, Stuttgart 1961

— Die Umbildung des Verfassungsgesetzes, in: Festschrift für Carl Schmitt, S. 35 ff., Berlin 1959

Flume, Werner: Steuerwesen und Rechtsordnung, in: Rechtsprobleme in Staat und Kirche, Festschrift für Rudolf Smend, S. 59 ff., Göttingen 1952

Fraenkel, Ernst: Das amerikanische Regierungssystem, Köln und Opladen 1960

Friesenhahn, Ernst: Die Verfassungsgerichtsbarkeit in der Bundesrepublik Deutschland, in: Verfassungsgerichtsbarkeit in der Gegenwart, Köln-Berlin 1962

Fuss, Ernst-Werner: Gleichheitssatz und Richtermacht, JZ 1959 S. 329 ff.

Gadamer, Hans-Georg: Wahrheit und Methode, 2. Auflage, Tübingen 1965

Germann, Oskar Adolf: Präjudizien als Rechtsquelle, Uppsala 1960

— Problematik als Ermessensentscheidung, in: Probleme und Methoden der Rechtsfindung, 2. Auflage, Bern 1967

Göldner, Detlef Christoph: Verfassungsprinzip und Privatrechtsnorm in der verfassungskonformen Auslegung und Rechtsfortbildung, Berlin 1969

Hand, Learned: The Contribution of an Independent Judiciary to Civilisation (dt. Übersetzung), in: L. Hand: Das Wesen der Freiheit, Frankfurt 1952

Häberle, Peter: Die Wesensgehaltsgarantie des Art. 19 Abs. 2 Grundgesetz, Karlsruhe 1962

Hamann, Andreas: Aussetzung der Vollziehung von Steuerbescheiden bei verfassungsrechtlich zweifelhaften Steuergesetzen, NJW 1959, S. 1465 ff.

Hartmann, Nicolai: Der Aufbau der realen Welt, 2. Auflage, Meisenheim am Glan, 1949

Hauriou, Maurice: Die Theorie der Institution und der Gründung, deutsche Übersetzung, in: M. Hauriou: Die Theorie der Institution, herausgegeben von Roman Schnur, S. 27 ff., Berlin 1965

Hedemann, Justus Wilhelm: Die Vermutung nach dem Recht des Deutschen Reiches, Jena 1904

Heller, Hermann: Bemerkungen zur staats- und rechtstheoretischen Problematik der Gegenwart, AöR, Bd. 16, Tübingen 1929.

— Staatslehre, 2. Auflage, Leiden 1961

Henke, Wilhelm: Sozialtechnologie und Rechtswissenschaft, Der Staat 1969, S. 1 ff.

Henkel, Heinrich: Einführung in die Rechtsphilosophie, München und Berlin 1964

Hesse, Konrad: Die normative Kraft der Verfassung, Tübingen 1959

— Der Rechtsstaat im Verfassungssystem des Grundgesetzes, in: Staatsverfassung und Kirchenordnung, Festgabe für Rudolf Smend, S. 71 ff., Tübingen 1962

— Die verfassungsrechtliche Stellung der politischen Parteien, VVDStRL Heft 17, S. 11 ff.

— Grundzüge des Verfassungsrechts der Bundesrepublik Deutschland, 3. Auflage, Karlsruhe 1969

Hoffmann, Gerhard: Die Verwaltung und das verfassungswidrige Gesetz, JZ 1961, S. 193 ff.

Hoffmann, Reinhardt: Das Ermessen der Verwaltungsbehörden in Frankreich, Berlin 1967

Holstein, Günther: Von Aufgaben und Zielen heutiger Staatsrechtswissenschaft, AöR Bd. 50 S. 1 ff., Tübingen 1926

Hruschka, Joachim: Die Konstitution des Rechtsfalles, Berlin 1965

Husserl, Edmund: Erfahrung und Urteil, herausgegeben von Ludwig Landgrebe, Hamburg 1948

— Logische Untersuchungen, 2. Band, 1. Teil, 3. Auflage, Halle 1922

Husserl, Gerhart: Rechtskraft und Rechtsgeltung, Berlin 1925

Isay, Rudolf: Rechtsnorm und Entscheidung, Berlin 1929.

Isensee, Josef: Subsidiaritätsprinzip und Verfassungsrecht, Berlin 1968

Jellinek, Georg: Allgemeine Staatslehre, 2. Auflage, Berlin 1905

Jellinek, Walter: Verwaltungsrecht, 3. Auflage, Berlin 1931

Jellinek, Walter: Zweiseitiger Verwaltungsakt und Verwaltungsakt auf Unterwerfung, in: Verwaltungsrechtliche Abhandlungen, Festgabe für das Preußische Oberverwaltungsgericht, Berlin 1925

Jesch, Dietrich: Die Bindung des Zivilrichters an Verwaltungsakte, Erlangen 1956

— Unbestimmter Rechtsbegriff und Ermessen, AöR Bd. 82, S. 163, Tübingen 1957

Kägi, Werner: Die Verfassung als rechtliche Grundordnung des Staates, Zürich 1945

Kant, Immanuel: Kritik der reinen Vernunft, herausgegeben von Raymund Schmidt, Hamburg 1956

— Über den Gemeinspruch: Das mag in der Theorie richtig sein, taugt aber nicht für die Praxis, Ausgabe Karl Vorländer, Hamburg 1964

Kaufmann, Arthur: Analogie und „Natur der Sache", Karlsruhe 1965

— Gesetz und Recht, in: Existenz und Ordnung, Festschrift für Erik Wolf, S. 357 ff., Frankfurt 1962

— Die ontologische Struktur des Rechts, in: Die ontologische Begründung des Rechts, herausgegeben von Arthur Kaufmann, Darmstadt 1965

Kaufmann, Erich: Die Gleichheit vor dem Gesetz im Sinne des Art. 109 der Reichsverfassung, VVDStRL Heft 3, S. 2 ff.

— Die Grenzen der Verfassungsgerichtsbarkeit, VVDStRL Heft 9, S. 1 ff., Berlin 1952

— Kritik der neukantischen Rechtsphilosophie, Tübingen 1921

— Das Wesen des Völkerrechts und die clausula rebus sic stantibus, Tübingen 1911

Kelsen, Hans: Reine Rechtslehre, 2. Auflage, Wien 1960

Klein, Rüdiger: Die Konsequenz des verwaltungsrechtlichen Ermessensbereichs und des Bereichs rechtlicher Mehrdeutigkeit, AöR Bd. 82, Tübingen 1957

Klug, Ulrich: Juristische Logik, Berlin — Göttingen — Heidelberg, 1951

Kohler, Josef: Der Prozeß als Rechtsverhältnis, Mannheim 1888

Krawietz, Werner: Das positive Recht und seine Funktion, Berlin 1967

Kriele, Martin: Gesetzprüfende Vernunft und Bedingung rechtlichen Fortschritts, Der Staat 1967, S. 45 ff.

— Felix Frankfurter, JZ 1965, S. 242 f.

— Der Supreme Court im Verfassungssystem der USA, Der Staat 1965, S. 195 ff.

— Theorie der Rechtsgewinnung, Berlin 1967

Krockow, Christian Graf von: Die Entscheidung, Stuttgart 1958

Krüger, Herbert: Allgemeine Staatslehre, Stuttgart 1964

— Verfassungswandlung und Verfassungsgerichtsbarkeit, in: Staatsverfassung und Kirchenordnung, Festgabe für Rudolf Smend, S. 151 ff., Tübingen 1962

Larenz, Karl: Methodenlehre der Rechtswissenschaft, Berlin — Göttingen — Heidelberg 1960

Leibholz, G. - H. J. *Rinck:* Grundgesetz, Köln 1966

Lerche, Peter: Ermessen, in: Staatslexikon, herausgegeben von der Görres-Gesellschaft, Bd. 3, Sp. 12 ff., Freiburg 1959

— Föderalismus als nationales Ordnungsprinzip, VVDStRL Heft 21, S. 66 ff., Berlin 1964

— Übermaß und Verfassungsrecht, Köln — Berlin — München — Bonn 1961

Less, Günter: Vom Wesen und Wert des Richterrechts, Erlangen 1954

Loewenstein, Karl: Verfassungsrecht und Verfassungspraxis der Vereinigten Staaten, Berlin — Göttingen — Heidelberg 1959

Luhmann, Niklas: Grundrechte als Institution, Berlin 1965

Maihofer, Werner: Die Natur der Sache, ARSP, Bd. 44, S. 145 ff., 1958

Maisch: Nochmals: Zur Frage der Nichtigkeit eines Verwaltungsaktes, NJW 1959, S. 1475 ff.

Mangoldt, Hermann von - Friedrich *Klein:* Das Bonner Grundgesetz, Bd. 1, 2. Auflage, Berlin 1966

Martens, Joachim: Rechtskraft und materielles Recht, ZZP Bd. 79, 1966, S. 404 ff.

Maunz, Theodor - Günther *Dürig:* Grundgesetz, München und Berlin 1966

Mayer, Otto: Deutsches Verwaltungsrecht, Bd. 1, 3. Auflage, Berlin 1924/1961

Menger, Christian-Friedrich: Moderner Staat und Rechtsprechung, Tübingen 1968

Müller, Friedrich: Normstruktur und Normativität, Berlin 1966

Oertmann, Paul: Gesetzeszwang und Richterfreiheit, Leipzig 1909

Ossenbühl, Fritz: Probleme und Wege der Verfassungsauslegung, DÖV 1965, S. 649 ff.

— Tendenzen und Gefahren der neueren Ermessenslehre, DÖV 1968, S. 618 ff.

Pagenstecher, Max: Zur Lehre von der materiellen Rechtskraft, Berlin 1905

Pestalozza, Christian Graf von: Kritische Bemerkungen zu Methoden und Prinzipien der Grundrechtsauslegung in der Bundesrepublik Deutschland, Der Staat 1963, S. 425 ff.

Peters, Hans: Die Verwaltung als eigenständige Staatsgewalt, Krefeld 1965

— Lehrbuch der Verwaltung, Berlin — Göttingen — Heidelberg 1949

Podlech, Adalbert: Grundrechte und Staat, Der Staat 1967, S. 341 ff.

Pohle, Rudolf: Über die Rechtskraft im Zivil- und Strafprozeß, in: Juristische Blätter 1957, S. 113 ff., Wien.

Radbruch, Gustav: Die Natur der Sache als juristische Denkform, Festschrift für Rudolf Laun, Hamburg 1947

— Rechtsphilosophie, 5. Auflage, Stuttgart 1956

Reuss, Hermann: Das Ermessen, DVBl 1953, S. 585 ff.

— Gerichtsfreie und gerichtsunterworfene Verwaltung, in: Gedächtnisschrift Hans Peters, S. 748 ff., Berlin — Heidelberg — New York 1967

Reuss, Hermann: Der unbestimmte Rechtsbegriff, DVBl 1953, S. 649 ff.

Riegert, Robert A.: Das amerikanische Administrativ Law, Berlin 1967

Röhl, Helmut: Zwischenbilanz der Verfassungsbeschwerde, JZ 1952, S. 105 ff.

Rosenberg, Leo: Die Beweislast, 4. Auflage, München und Berlin 1956

Rothacker, Erich: Die dogmatische Denkform in den Geisteswissenschaften und das Problem des Historismus, Mainz — Wiesbaden 1954

Rumpf, Max: Der Strafrichter, Bd. 1, Berlin 1912

Sax, Walter: Über Rechtsbegriffe, Festschrift für Hermann Nottarp, Karlsruhe 1961

Sauer, Wilhelm: Zum Streit um die materielle Rechtskraft, Festgabe für Richard Schmidt, Bd. 1, S. 308 ff., Leipzig 1932

Schaumann, Wilfried: Der Auftrag des Gesetzgebers zur Verwirklichung der Freiheitsrechte, JZ 1970, S. 48 ff.

Scheler, Max: Die Wissensform und die Gesellschaft, Leipzig 1926

Scheuner, Ulrich: Recht und Gerechtigkeit in der deutschen Rechtslehre der Gegenwart, in: Recht und Institution, S. 34 ff., herausgegeben von Hans Dombois, Witten/Ruhr 1956

Schindler, Dietrich: Verfassungsrecht und soziale Struktur, 2. Auflage, Zürich 1944

Schmidt-Salzer, Joachim: Der Beurteilungsspielraum der Verwaltungsbehörden, Berlin 1968

— Die normstrukturelle und dogmatische Bedeutung der Ermessensermächtigung, VerwArch 1969, S. 270 ff.

Schmitt, Carl: Der Begriff des Politischen, Hamburg 1933

— Über die drei Arten des rechtswissenschaftlichen Denkens, Hamburg 1934

— Grundrechte und Grundpflichten (1932), in: Verfassungsrechtliche Aufsätze, Berlin 1958

— Legalität und Legitimität, München — Leipzig 1932

— Politische Theologie, München und Leipzig, 1922

— Das Reichsgericht als Hüter der Verfassung (1929), in: Verfassungsrechtliche Aufsätze, Berlin 1958

— Verfassungslehre, München und Leipzig 1928

Schneider, Peter: Prinzipien der Verfassungsinterpretation, VVDStRL Heft 20, S. 1 ff., Berlin 1963

— In dubio pro libertate, in: Hundert Jahre Deutsches Rechtsleben, Bd. 2, Karlsruhe 1960

Schulz, Fritz: Prinzipien des römischen Rechts, München und Leipzig 1934

Schulz-Schaeffer, Helmut: Die Staatsreform der Bundesrepublik Deutschland, Berlin 1960

Seuffert, Walter: Die Abgrenzung der Tätigkeit des Bundesverfassungsgerichts gegenüber der Gesetzgebung und der Rechtsprechung, NJW 1969, S. 1369 ff.

Smend, Rudolf: Verfassung und Verfassungsrecht, München und Leipzig 1928

Stammler, Rudolf: Lehrbuch der Rechtsphilosophie, 3. Auflage, Berlin—Leipzig 1928
— Theorie der Rechtswissenschaft, 2. Auflage, Halle 1923
Stein, Friedrich: Grundriß des Zivilprozeßrechts und Konkursrechts, 3. Auflage, Tübingen 1928
— Das private Wissen des Richters, Leipzig 1893
Stein, Friedrich - Martin *Jonas* - Adolf *Schönke* - Rudolf *Pohle:* Kommentar zur Zivilprozeßordnung, 1. Bd., 18. Auflage, Tübingen 1953
Stern, Klaus: Gesetzauslegung und Auslegungsgrundsätze des Bundesverfassungsgerichts, masch. Dissertation, München 1957
— Ermessen und unzulässige Ermessensausübung, Berlin 1964
Strache, Karl-Heinz: Das Denken in Standards, Berlin 1968
Stratenwerth, Günter: Das rechtstheoretische Problem der „Natur der Sache", Tübingen 1957
Tezner, Friedrich: Das freie Ermessen der Verwaltungsbehörden, Leipzig und Wien 1924
Topitsch, Ernst: Konventionalismus und Wertproblem in den Sozialwissenschaften, in: Topitsch, Sozialphilosophie zwischen Ideologie und Wissenschaft, Neuwied 1961
Ule, Carl Hermann: Zur Anwendung unbestimmter Rechtsbegriffe im Verwaltungsrecht, Gedächtnisschrift für Walter Jellinek, München 1955
Viehweg, Theodor: Topik und Jurisprudenz, 3. Auflage, München 1965
Wach, Adolf: Handbuch des Deutschen Civilprozeßrechts, Bd. 1, Leipzig 1885
Weber, Max: Die „Objektivität" sozialwissenschaftlicher und sozialpolitischer Erkenntnis, in: Gesammelte Aufsätze zur Wissenschaftslehre, 3. Auflage, S. 146 ff., herausgegeben von Johannes Winckelmann, Tübingen 1968
Weber, Werner: Zur Gültigkeit des Preisgesetzes, DÖV 1957, S. 33 f.
— Das Richtertum in der deutschen Verfassungsordnung, in: Festschrift für Hans Niedermeyer, Göttingen 1953
— Die verfassungsrechtlichen Grenzen sozialstaatlicher Forderungen, Der Staat 1965, S. 409
Welzel, Hans: Naturalismus und Wertphilosophie im Strafrecht, Mannheim — Berlin — Leipzig 1935
— Naturrecht und materiale Gerechtigkeit, 4. Auflage, Göttingen 1962
— Naturrecht und Rechtspositivismus, in: Festschrift für Hans Niedermeyer, Göttingen 1953
Weyl, Hermann: Philosophie der Mathematik und Naturwissensschaften, 3. Auflage, München und Wien 1966
Wieacker, Franz: Privatrechtsgeschichte der Neuzeit, 2. Auflage, Göttingen 1967
Wolf, Ernst: Verfassungsgerichtsbarkeit und Verfassungstreue in den Vereinigten Staaten, Basel 1961
Wolff, Hans Julius: Typen im Recht und in der Rechtswissenschaft, in: Studium Generale, Bd. 5, 1952, S. 195 ff.

Wolff, Hans Julius: Verwaltungsrecht I, 7. Auflage, München 1968

Zampetti, Pier Luigi: Methodische Betrachtungen zum Verhältnis von Norm und Tatsache, in: ZÖöffR, Bd. 9 n. F. 1958/1959, S. 87 ff.

Zippelius, Reinhold: Das Wesen des Rechts, München 1965

— Wertungsprobleme im System der Grundrechte, München 1962

Zweigert, Konrad: Die Verfassungsbeschwerde, JZ 1952, S. 321 f.

Printed by Libri Plureos GmbH
in Hamburg, Germany